GOLLENSTEIN

GOLLENSTEIN

Ausgabe Saarland

Silke Mahlberg

Mehr Spaß mit Deinem Hund

Wandern | Genießen | Neues entdecken

Der etwas andere Ratgeber für Hunde-Fans

Inhaltsverzeichnis

Vorwort

Dieses Buch richtet sich an alle, die gerne gemeinsam mit ihrem Hund unterwegs sind. Vielleicht fehlt hier und da ein Anstoß oder eine Anregung, um noch aktiver zu werden. In „Mehr Spaß mit Deinem Hund – Wandern, Genießen, Neues entdecken, Ausgabe Saarland" – finden Sie jedenfalls zahlreiche Tipps. Sie werden überrascht sein, was das Saarland für Hunde-Fans alles zu bieten hat: von herrlichen Premium-Wanderwegen bis zu informativen Themen-Touren, zu Land oder auf dem Wasser. In der Region auf Pfoten und Füßen Neues entdecken oder im Restaurant Kulinarisches genießen – und das alles mit Hund, was kann es Schöneres geben? Für diejenigen, die einen Kurz-Urlaub im Saarland einplanen, befinden sich im hinteren Teil des Buches zudem viele hundefreundliche Übernachtungs-Tipps sowie weitere wichtige Adressen.

Während Sie dieses Buch lesen, werde ich weiter recherchieren und ausprobieren, denn ich bin mir sicher, dass das Saarland noch viel, viel mehr zu bieten hat. Ich wünsche Ihnen nun viel Spaß beim „Wandern, Genießen und Neues entdecken"!

Silke Mahlberg

1. Hinweise & Erläuterungen

Die angegebenen Adressen, Öffnungszeiten etc. entsprechen dem Stand Oktober 2015, spätere Änderungen konnten nicht mehr berücksichtigt werden.

Um Ihnen eine schnelle Orientierung zu ermöglichen, sind die wichtigsten Angaben auf der Titelseite der jeweiligen Tour kompakt zusammengefasst.

Streckenlänge:

Entweder ist die offizielle Touren-Länge angegeben oder es erfolgte eine eigene Streckenmessung mit der komoot-Wander-App (Näheres zur App s. S. 27).

Dauer:

Die Dauer einer Tour kann natürlich, je nach Kondition, Wandertempo und Anzahl der Pausen, deutlich von meinen Zeitangaben abweichen. Bei unseren Gruppen-Wandertouren waren wir im Durchschnitt zwei Stunden länger unterwegs, da wir immer mal wieder eine kurze (oder auch längere) Rast eingelegt haben.

Schwierigkeitsgrad:

Die Touren sind in drei Kategorien eingestuft:

Einfach (1 Pfote): Die Tour ist leicht und auch für Wander-Newcomer gut machbar.

Mittel (2 Pfoten): Es handelt sich um eine mittelschwere Tour, bei der eine gewisse Kondition vorausgesetzt wird. Möglicherweise führt sie auch durch schwierigeres Gelände oder hat einige Steigungen oder Bergab-Strecken zu bieten.

Hoch (3 Pfoten): Hier ist Kondition bei Zwei- und Vierbeinern gefragt, z.B. da es sich um eine längere Strecke handelt oder der Weg anstrengendere Abschnitte, mitunter durch schwierigeres Gelände, bereithält.

Wasserstellen unterwegs:

Falls sich Bachläufe, Weiher, Brunnen am Wegesrand befinden, ist dies mit einem „Ja" vermerkt. Ich weise jedoch darauf hin, dass beispielsweise der Wasserstand von Bachläufen stark von den Außentemperaturen beeinflusst wird. Im Hochsommer können sie ausgetrocknet sein. Daher empfehle ich, auch bei den mit „Ja" gekennzeichneten Touren immer eine „Sicherheitsration" Wasser für den Hund in den Rucksack zu packen.

Leinenführigkeit:

Leinenführigkeit ist natürlich immer von Vorteil und erstrebenswert. Bei jungen und ungestümen Hunden kann es eine Weile dauern, bis man sie vom Vorteil des „vernünftigen" Gehens an der Leine überzeugt hat. Trotzdem machen gemeinsame Touren, auch mit einem noch nicht perfekt erzogenen Vierbeiner, viel Spaß. Auf manchen Wanderstrecken gibt es jedoch Abschnitte, auf denen man sich auf seine eigene Trittsicherheit, statt auf den Hund, konzentrieren sollte, um eine Verletzungsgefahr zu minimieren. Hinweise dazu sind in der jeweiligen Tourenbeschreibung vermerkt.

Bodenbeschaffenheit:

Die Information über die Bodenbeschaffenheit ist nicht nur wichtig, wenn ältere Hunde mitwandern. Es gibt wunderschöne Wanderwege, die mitunter jedoch über längere Passagen auf asphaltierten Wegen verlaufen. Diese können für den betagten Vierbeiner zu anstrengend und zudem im Hochsommer generell für Hunde unangenehm werden. Bedenken Sie: Auf heißem Asphalt können sich Vierbeiner durchaus Verbrennungen unter den Pfoten zuziehen!

Überquerung von Straßen:

Immer von Vorteil ist es zu wissen, ob auf der Wanderstrecke Straßen zu überqueren sind, vor allem, wenn der Hund frei mitläuft.

Trittsicherheit:

Hier wird angemerkt, ob die Strecke größere Anforderungen an die Trittsicherheit bei Mensch und Hund stellt, z. B. wenn der Weg steil bergab führt oder rutschig ist. Auf anderen Wegen gibt es wunderbare Möglichkeiten, speziell die Trittsicherheit beim Vierbeiner zu üben. Sie finden ausführliche Informationen diesbezüglich in der jeweiligen Touren-Beschreibung.

Für fitte Senioren-Hunde geeignet:

Jeder Hundebesitzer kann sicherlich die Konstitution seines betagten Vierbeiners gut einschätzen. Sollte der Hund hinsichtlich des Bewegungsapparates bereits unter Einschränkungen leiden, sind manche Wege einfach zu anstrengend. Andere lassen sich gut laufen, sind nicht zu lang und bieten genügend Rast-, Erfrischungs- bzw. Abkühlungsmöglichkeiten. Solche Wege sind perfekt, um den Vierbeiner auch im Alter fit zu halten.

Einkehrmöglichkeit an der Strecke:

Damit gleich klar ist, ob die Wander-Tour auch kulinarisch etwas zu bieten hat, ist dies in der Touren-Übersicht bereits vermerkt. Falls hier ein „Ja" steht, befindet sich eine Einkehrmöglichkeit direkt an der Strecke (nach Stand Oktober 2015).

Strecken-Bewertung:

Die Bewertung mit Hunde-Knochen bezieht sich auf den Gesamteindruck der Tour. Sicherlich ist dieser Punkt höchst subjektiv, daher kann das Empfinden anderer Zwei- und Vierbeiner möglicherweise von meiner Einschätzung der Strecke abweichen. Ich würde mich sehr freuen, wenn der eine oder andere mir seine Erfahrungen beim „Nach-Wandern" mitteilt. E-Mails mit persönlichen Wander-Erfahrungen bitte an s.mahlberg@fiffix.de senden. Ich bin schon gespannt!

2. So wird Ihr Hund zum optimalen Freizeit-Begleithund!

2.1. Grundlagen – Was sollte Ihr Hund beherrschen?

Wenn Sie einen Vierbeiner haben, mit dem gemeinsame Freizeit-Aktivitäten bislang nur mäßig Spaß machen, der vielleicht noch etwas Erziehung benötigt, bis er „gesellschaftsfähig" ist, hier mein wichtigster Rat: Bleiben Sie dran, der Aufwand ist es wert.

Border Collie Jacky kam über den Tierschutz im Alter von eineinhalb Jahren zu mir. Er war bissig und es brauchte gut zwei Jahre Erziehungsarbeit, bis ich mit ihm, anderen Hundehaltern und ihren Hunden etwas unternehmen konnte. Aber was sind schon zwei Jahre in einem vielleicht 16-jährigen Hundeleben! Es lohnt sich also, an der Erziehung dranzubleiben, dann folgen viele schöne Jahre mit gemeinsamen Aktivitäten.

Damit Hunde zu guten Freizeit-Begleitern werden, sollten sie vor allem die folgenden Fähigkeiten und Basis-Kommandos beherrschen:

Leinenführigkeit:
Eine gute Leinenführigkeit ist besonders wichtig für gemeinsame Unternehmungen. Eine 12 Kilometer lange Wanderstrecke wird zur reinen Nervensache, wenn der Hund permanent an der Leine zieht. Zudem gibt es auf vielen Touren gefährliche Passagen und Strecken-Abschnitte, auf denen man sich ganz auf sich selbst, statt auf den ziehenden Hund konzentrieren sollte.

Sitz, Platz und der gute Rückruf:
Bis ein Hund diese Kommandos sicher ausführen kann, dauert es einfach eine gewisse Übungszeit. Klug, konsequent und in hundgerechten Trainingsschritten beigebracht, sollten sie aber in ein bis eineinhalb Jahren sicher abrufbar sein.

Kommando „Hinten“:

Für mich das wichtigste Kommando auf Wanderwegen mit gefährlichen Passagen. Ich bringe meinen Hunden von Anfang an bei, auf Ansage hinter mir zu laufen. So kann ich mich auf bestimmten anspruchsvollen oder rutschigen Streckenabschnitten ganz auf meine eigene Trittsicherheit konzentrieren.

Den Hund „parkbar“ machen:

Ein Hund, den ich irgendwo hinsetzen, ablegen oder anbinden kann, ohne dass er den Aufstand probt, erleichtert gemeinsame Ausflüge und Reisen. Oftmals beobachte ich z. B. in Hotels, dass ein Hund rebelliert, statt ruhig abzuwarten, wenn Herrchen oder Frauchen ans Frühstücks-Buffet gehen. Alles Übungssache! Schritt für Schritt aufgebaut, gehört das „Geparkt-werden“ später für den Vierbeiner zum routinierten Hunde-Alltag. Die im Buch beschriebenen Kanu-Touren hätten deutlich weniger Spaß gemacht, wenn unsere Hunde nicht gelernt hätten, auf Kommando Ruhe zu halten und geduldig abzuwarten.

Tabu-/ Stopp-Kommando:

Das Antrainieren eines Tabu- oder Stopp-Signals ist eine wichtige Sache, denn es erleichtert den Alltag mit Hund ungemein. In einer belebten Umwelt ist nun mal einiges von dem, was dem Tier gerade am meisten Spaß bereiten würde, unerwünscht. Essbares am Wegesrand aufnehmen, fremde Menschen und Hunde begrüßen oder Jagen sind nur einige Beispiele hierfür. Es gibt Vierbeiner, die an der Autorität ihres Herrchens oder Frauchens nicht zweifeln, wenn sie ein „Pfui“ oder „Aus“ hören. Bei allen anderen braucht man reinen Übungsfleiß, bis das Kommando sitzt. Wenn ich beispielsweise zum ersten Mal einen „Würstchen-Parcours" in der Welpen- oder Junghundegruppe aufbaue, ist das Gelingen dieser Übung für die Teilnehmer schier unvorstellbar. Ziel ist es, mit lockerer Leine durch den Parcours zu laufen, ohne dass ein einziges Würstchen „zu Schaden" kommt. Schaut man diesen Gruppen ein halbes Jahr später zu, funktioniert das Vorbeilaufen an den leicht erreichbaren Leckereien auch ohne Leine.

2.2. Unterstützung – Wie finden Sie eine passende Hundeschule?

Sie wissen möglicherweise nicht, wie Sie die Erziehung Ihres Vierbeiners zum optimalen „Freizeit-Begleithund" angehen sollen? Holen Sie sich Unterstützung in einer guten Hundeschule, davon gibt es mittlerweile sehr viele. Nicht immer passen jedoch auf beiden Seiten Erwartungen und Realität zusammen und manchmal stimmt schlichtweg die Chemie zwischen Hunde-Halter und Trainer nicht. Gerade dies ist jedoch entscheidend für ein gutes Lern-Ergebnis. Wie finden Sie also die für Sie geeignete Hundeschule? Dazu meine Empfehlungen:

- Fragen Sie nach, ob Sie sich für eine Schnupperstunde mit oder ohne Ihren Hund anmelden und sich erst einmal unverbindlich das Training und die Trainingsmethoden anschauen können. So können Hunde-Halter und Trainer feststellen, ob die Konstellation erfolgsversprechend ist.

- Achten Sie darauf, ob die Trainingsmethoden auf dem aktuellen Stand sind! Wenn ich zurückdenke, wie ein Hunde-Training vor zwanzig Jahren aussah und wie es heute in „modernen" Hundeschulen oder auch Hunde-Sportvereinen praktiziert wird, dann hat sich vieles verändert. Strom-, Würge- und Stachelhalsbänder haben meiner Meinung nach im Hundetraining nichts mehr zu suchen! Leinenführigkeits-Training über starken Leinenruck ebenso, es sei denn, Sie wollen den Besuch beim Tier-Physiotherapeuten gleich mit einplanen. Laute, fast geschriene Kommandos machen ebenfalls keinen Sinn! Warum? Na, ganz klar: Hunde haben ein sehr gutes Gehör! Außerdem orientieren sie sich zuerst einmal an unserer Körpersprache. Also gilt es in erster Linie, daran zu arbeiten.

- Prüfen Sie, ob der Trainer genügend Zeit für Ihre Probleme hat und auch mal die Situation zu Hause hinterfragt. Sie verbringen schließlich die meiste Zeit mit Ihrem Hund in den eigenen vier Wänden. Dort spielt sich hauptsächlich die Erziehung Ihres Hundes ab, nicht nur einmal pro Woche auf dem Hunde-Trainingsgelände oder lediglich draußen beim Spaziergang.

- In einer guten Hundeschule erhalten Sie auf jede Frage eine klare Antwort und Rückfragen sind ausdrücklich erwünscht, denn hierdurch erkennen Hundetrainer, ob das Erklärte auch wirklich verstanden wurde.

- Im Unterricht bekommen Sie viele Tipps und Anregungen, wie Sie den Hund im Alltag durch entsprechende Übungen auslasten können. Langweiliges Sitz- und Platz-Training war gestern!

- Es gibt nicht nur die eine richtige Trainingsmethode. Hunde sind so individuell wie wir Menschen. Ein guter Trainer passt daher seine Übungen flexibel den jeweiligen Anforderungen und Bedürfnissen an. Die Vorkenntnisse der Halter in Sachen Hunde-Erziehung spielen natürlich ebenso eine Rolle wie die Hunde-Rasse, das Alter, Temperament etc.

- Wenn Ihr primäres Ziel ist, einen guten vierbeinigen „Freizeit-Begleiter" zu bekommen, fragen Sie nach, ob das Training nur auf einem abgeschlossenen Gelände oder auch außerhalb bzw. in Alltags-Situationen erfolgt. Ist Ihr Hund erst einmal daran gewöhnt, sich beim gemeinsamen Spaziergang auf Sie statt auf alle anderen Hunde oder Umgebungsreize zu konzentrieren, steht beispielsweise einem gemeinsamen Wandervergnügen nichts mehr im Weg.

Mein wichtigster Rat zum Schluss:
Verlassen Sie sich auf Ihr Bauch-Gefühl bei der Auswahl einer Hundeschule. Für ein gutes Trainingsergebnis braucht es eine Lernumgebung, in der sich Mensch und Hund wohlfühlen. Aber denken Sie immer daran, auch mit den besten Hunde-Trainern und mit den ambitioniertesten Frauchen und Herrchen dauert es eine Weile, bis beispielsweise aus einem jungen und ungestümen Hund ein souveräner vierbeiniger Begleiter wird, mit dem man entspannt die Umwelt erkunden kann und dessen Erziehung nicht mehr so arbeitsintensiv ist. Wir Menschen machen ja auch nicht gleich nach der Grundschule das Abitur! Nehmen Sie sich die Zeit, die die Erziehung Ihres Hundes benötigt. Lernen Sie, dass bei der Hunde-Erziehung Rückschritte und möglicherweise auch Frustration gerade zu Beginn häufige Trainingsbegleiter sind. Bleiben Sie dran! Wenn Sie Ihre Trainingsziele erreicht haben, werden Sie sich an die schwierigen oder mühseligeren Phasen mit Ihrem Hund (fast) nicht mehr erinnern!

3. Kleiner „Hunde-(Halter-)Knigge" für unterwegs

Unter Hundebesitzern, aber auch zwischen Hunde-Fans und Nicht-Hundehaltern kommt es häufig zu Spannungen. Viele davon können vermieden werden. Jeder von uns kann einiges dazu beitragen. Dazu habe ich in einem kleinen Hunde-(Halter)-Knigge Tipps für ein harmonisches Miteinander zusammengestellt:

Hinterlassenschaften des Hundes entfernen

Kaum zu glauben, aber wahr! Hätten Sie gewusst, dass in Sachen Hunde-Häufchen-Bekämpfung in den USA sogenannte PooPrints eingesetzt werden? Hundehalter werden verpflichtet, DNA-Proben ihrer Hunde abzugeben. Per neuer Analyse-Technik wird dann die DNA nicht entfernter Hunde-Häufchen ermittelt und mit den Daten der PooPrint-Datenbank abgeglichen. So werden rücksichtslose Hundehalter ermittelt und erhalten mitunter hohe Geldstrafen. Sie glauben es nicht? Dann schauen Sie mal unter www.pooprints.com nach! In zwei Londoner Stadtteilen soll, laut Stern online, bereits im September 2016 ein entsprechendes Pilotprojekt gestartet werden. Zeit online berichtet im Juni 2015, dass auch deutsche Kommunen bereits über ein solches Verfahren nachdenken.
Eigentlich sollte es für jeden Hundehalter eine Selbstverständlichkeit sein, dass vor allem auf Geh- und Radwegen, in Fußgängerzonen, auf Kinderspielplätzen, in allen öffentlichen Parks oder Grünanlagen etc. die Hinterlassenschaft des eigenen Vierbeiners immer entfernt wird. Wichtig ist dies auch auf landwirtschaftlich genutzten Flächen. Der rücksichtsvolle Hundefreund lässt auch hier das Häufchen nicht einfach liegen, denn er weiß, dass dies sonst zu einer Verunreinigung der produzierten Futtermittel führen kann.

Noch ein Tipp: *In Zeiten, in denen Plastik-Müll vermieden werden soll, empfehle ich, biologisch abbaubare bzw. kompostierbare Kot-Beutel zu benutzen, die mittlerweile von einigen Herstellern angeboten werden.*

Rücksichtsvoll handeln bei Hundebegegnungen

Respektieren Sie bitte, dass es Menschen und Hunde gibt, für die eine Hundebegegnung Stress bedeutet. Fragen Sie erst einmal nach, ob eine Kontaktaufnahme erwünscht ist!
Es gibt viele Gründe, warum Hundehalter dies ablehnen: Sie haben schlechte Erfahrungen gesammelt oder eine läufige Hündin, einen alten, kranken, ängstlichen, einen erst kürzlich angeschafften oder einen „nicht-kompatiblen" Hund dabei. Vielleicht trainieren sie auch gerade mit ihrem Vierbeiner. Egal, aus welchem Grund sie einen Kontakt ablehnen: Andere Hundehalter haben dies zu akzeptieren und zu respektieren!

Rücksicht nehmen auf Menschen ohne Hund

Viele Menschen haben schon einmal unangenehme Erfahrungen mit Vierbeinern gemacht. Es reicht, wenn ein Hund unangeleint auf sie zuläuft, um Panik oder Stress auszulösen. Sie können ja nicht wissen, dass es sich um den „friedfertigsten Hund auf Erden" handelt. Ein Beispiel: Ich wanderte mit einer größeren (Hunde)-Gruppe durch den Wald, unsere Hunde liefen angeleint dicht neben uns. Ca. 15 Joggerinnen kamen auf uns zu, blieben plötzlich stehen und formierten sich schützend um eine Teilnehmerin. Ich rief von weitem: „Unsere Hunde sind angeleint", was aber nichts an der Situation änderte. In der Mitte stand eine kreidebleiche Joggerin, die nicht mehr in der Lage war, weiterzulaufen. In ihrer Jugend, so erfuhren wir, war sie von einem Hund schwer verletzt worden. Die Anzahl der von uns mitgeführten Hunde versetzte sie schon aus der Distanz in Angst und Panik. So wie ihr ergeht es leider vielen Menschen, die Negatives mit Hunden erlebt haben.

Mein Tipp: *Schauen Sie sich die entgegenkommenden Personen an! Meist ist doch schon auf Entfernung klar erkennbar, ob es sich um hundeaffine Menschen handelt oder nicht. Passen Sie Ihre Reaktion an: Rufen Sie Ihren Hund, lassen Sie ihn dicht neben sich laufen, wenn er gut hört. Oder leinen Sie ihn kurz an, damit Begegnungen in einer belebten Umwelt stressfrei für alle ablaufen.*

Verantwortungsvoller Umgang mit Natur & Wildtieren

Es ist sinnvoll, sich generell auf Waldwegen oder auf den in Naturschutzgebieten ausgewiesenen Wegen aufzuhalten und nicht querfeldein zu marschieren. Dies dient zum Schutz des Wildes in seinen Ruhezonen sowie bedrohter Tier- und Pflanzenarten. Wenn per Info-Tafel in Naturschutzgebieten oder Waldabschnitten darum gebeten wird, den Hund anzuleinen, folgt der rücksichtsvolle Hundehalter diesem Anliegen. Vor allem, wenn der eigene Vierbeiner zu den passionierten Jägern gehört. Ein jagender Hund kann nicht nur das Wild und sich selbst verletzen. Was viele Halter unterschätzen: Er verursacht unter Umständen beim Hetzen von Wild auch schwere Unfälle beim Überqueren von Straßen.

Wer mit seinem Hund häufig in Waldgebieten unterwegs ist – das ist ja auch auf den meisten Wanderstrecken überwiegend der Fall –, den betreffen die entsprechenden Passagen des neuen Jagdgesetzes (01.04.2014). Darin ist u.a. im §32 „Sachliche Verbote" zu lesen, dass Hunde und Katzen nicht mehr getötet werden dürfen. Im Falle eines wildernden Hundes ist die Ortspolizeibehörde zuständig, die dann alles Weitere veranlassen bzw. erforderliche Maßnahmen verordnen kann. In §33 „Beunruhigen von Wild, Störung der Jagdausübung" ist weiterhin aufgeführt, dass in der Zeit vom 1. März bis zum 30. Juni (in der Brut-, Setz- und Aufzuchtzeit) nur noch Hunde, die zuverlässig im Bereich der Wege bleiben, unangeleint geführt werden dürfen. Mit „zuverlässig" ist hier gemeint, dass der Hund kontrollierbar ist. Kurzum gesagt, wenn mein Hund auf dem Weg bleibt, gut hört und sich jederzeit abrufen lässt, darf er im Wald frei laufen. Ist dies nicht so, besteht für ihn in der oben genannten Zeit eine Leinenpflicht.

In Gänze ist das Saarländische Jagdgesetz auf der Internetseite der Vereinigung der Jäger des Saarlandes (www.saarjaeger.de) in der Rubrik „Recht" zu finden. Weitere Informationen zur Leinenpflicht in ausgewiesenen Gebieten sind zudem in den jeweiligen Polizeiverordnungen zu finden.

4. Vorbereitung und Ausstattung für gemeinsame Aktivitäten

4.1. Was gehört in einen Wander-Rucksack?

Insbesondere für die Wander-Neulinge habe ich hier einige Vorbereitungs- und Ausstattungstipps zusammengestellt:

Rucksack-Packliste Hund:

- **Zeckenschutz:** Halsbänder, Spot-Ons oder weitere Mittel zur Zeckenbekämpfung – auf eine gute Prophylaxe sollte jeder Wert legen, der mit seinem Hund gerne in der Natur unterwegs ist. Leider haben Krankheiten wie Borreliose, Babesiose, FSME oder Anaplasmose, die durch Zecken übertragen werden, zugenommen. Daher bedarf es einer effektiven Vorsorge, wenn man seinen Hund schützen will. Zusätzlich sollte er nach jedem Spaziergang bzw. nach jeder Wanderung sorgfältig auf Zeckenbefall untersucht und Zecken möglichst schnell entfernt werden. Eine Zeckenzange oder ein -haken gehört immer ins Wandergepäck.

- **Napf und Trinkwasser:** Auch wenn es unterwegs genügend Erfrischungs- und Abkühlungsmöglichkeiten gibt, etwas frisches Wasser sollte immer im Rucksack sein. Man kann ja nie wissen!

- **Hundekot-Beutel:** Sie gehören zur Grundausstattung für unterwegs, s. auch Hunde-Halter-Knigge S. 21

- **Erste-Hilfe-Set mit Notfall-Apotheke:** Enthalten sind zum Beispiel gängige Hilfsmittel wie Verbandsmaterial, Pinzette, Schere, Wund- und Desinfektionsmittel. Lassen Sie sich eventuell die Inhalte des Erste-Hilfe-Sets von Ihrem Tierarzt zusammenstellen, insbesondere, wenn Ihr Hund gesundheitliche Einschränkungen hat.

Tipp: *Besuchen Sie einen Erste-Hilfe-Kurs für Hunde. Im Notfall ist es wichtig zu wissen, wie eine richtige und zeitnahe Erstversorgung aussehen sollte. Tierärzte, Tierphysiotherapeuten, Hundeschulen oder auch Hundesportvereine bieten solche Kurse regelmäßig an.*

- **Pfotenschutz-Schuh:** Falls der Hund auf einen scharfen Gegenstand tritt und sich an der Pfote verletzt, ist es äußerst praktisch, wenn man für den Notfall vorgesorgt und einen Pfotenschutz-Schuh eingepackt hat.

- **Futter:** Wer etwas Futter für den Hund mitnimmt, bleibt flexibel und braucht kein schlechtes Gewissen zu haben, wenn der Ausflug mal wieder etwas länger dauert, zum Beispiel durch eine ungeplante Einkehr. Wer will denn schließlich gemütlich schlemmen und genießen, während dem Vierbeiner nach einer langen Wanderung ebenfalls der Magen knurrt!

- **Leine:** Es kann vorteilhaft sein, wenn man neben der kürzeren Alltagsleine eventuell noch eine Schleppleine einpackt, falls der Hund z. B. in Naturschutzgebieten für einen längeren Zeitraum angeleint mitlaufen muss.

- **Geschirr und/ oder Halsband:** Die Diskussion hierüber bei spaltet mitunter die Hundewelt. Ich ziehe es vor, meine Hunde sowohl an ein Halsband als auch an ein Geschirr zu gewöhnen. Für die meisten Wanderungen oder Aktivitäten ist es empfehlenswert, ein gut sitzendes Hunde-Geschirr zu verwenden oder zumindest im Rucksack mitzuführen. Damit kann ich dem Hund, falls nötig, eine optimale Hilfestellung bei der Überwindung von Hindernissen bieten. Auch bei den Kanu-Touren trugen unsere Hunde ein Geschirr, damit wir sie beim Ein- und Aussteigen ins Kanu besser unterstützen konnten. Gelegentlich ist es ratsam, beides anzulegen, zum Beispiel bei zu Panik neigenden Hunden, um die Sicherheit zu erhöhen und ein Entlaufen zu vermeiden.

Rucksack-Packliste Mensch:

- **Wanderkarte oder Handy-Wander-App:** Die zertifizierten Premiumwege oder Traumschleifen sind meist perfekt ausgeschildert. Läuft man jedoch abseits dieser Wege, kann eine Wanderkarte oder eine auf das Handy geladene Wander-App sinnvoll sein. Wer sich die komoot-App herunterlädt, kann sich alle Wandertouren aus diesem Buch auf seinem Smartphone anzeigen lassen. Einfach hierzu per angegebenem Gutschein-Code die App aktivieren, s. Info S. 10. Auch die Tourismus Zentrale Saarland bietet für die saarländischen Wanderwege eine Saarland Touren-App mit ausführlichen Informationen und Kartenmaterial an. Noch ein Tipp: Wenn der Handy-Akku durch solche aktiven Apps unterwegs relativ schnell schlapp macht, ist ein kleines mobiles Ladegerät die Lösung.

- **Erste-Hilfe-Utensilien:** Zur Grundausstattung gehören u. a. Mücken- und Zeckenspray, Salbe zum Verarzten von kleinen Wunden und Stichen, Wund- und auch Blasen-Pflaster (von Vorteil, wenn neue Wanderschuhe im Einsatz sind).

- **Verpflegung:** In den Rucksack gehören natürlich Getränke in ausreichender Menge (Empfehlung: 1 bis 2 Liter bei Tageswanderungen) und zumindest ein kleiner Snack, falls eine Einkehr unterwegs nicht möglich ist. Mehr als einmal standen wir vor geschlossenen Touren-Restaurants und waren froh, dass sich im Rucksack noch etwas Essbares befand.

4.2 Zusätzliches Equipment

Bestickte Halsbänder und Adress-Anhänger zur Hunde-Kennzeichnung

Die meisten Hunde sind mittlerweile gechippt und auch entsprechend registriert, z. B. bei Tasso. Anhänger und Plaketten mit Telefon-, Steuer- oder Registrierungsnummern sind zwar sehr hilfreich, sie gehen jedoch gerne verloren. Zusätzlich sind daher bestickte Halsbänder empfehlenswert. Wird hierauf die eigene Handy-Nummer mit der internationalen Vorwahl für Deutschland (+49) angebracht, ist man auch im Urlaub oder auf grenzüberschreitenden Wanderungen gut erreichbar, falls der Hund ausbüxt.

Sicherheit durch GPS-Geräte zur Hunde-Ortung

Mittlerweile gibt es GPS-Geräte zur Hunde-Ortung zu erschwinglichen Preisen. Firmen wie Tractive bieten kleine GPS-Sender an, die am Halsband angebracht werden. Entläuft der Vierbeiner, kann man sich per Handy-App mittels Positions-Ortung den Aufenthaltsort oder via Live-Tracking die Wegstrecke, die er gerade zurücklegt, anzeigen lassen. Ich hatte ein solches Tractive GPS Gerät im Einsatz und konnte es ausgiebig testen. Sender

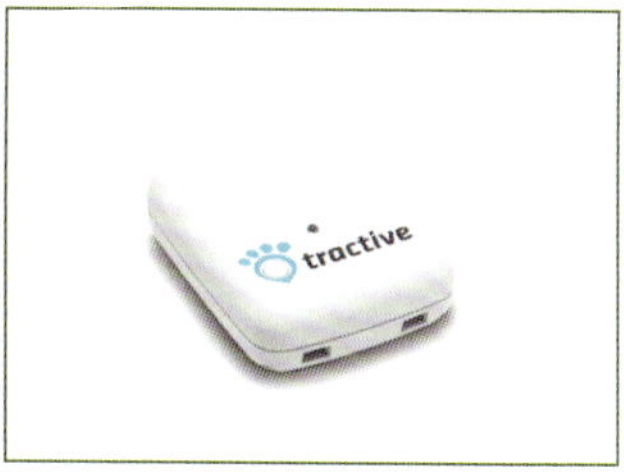

und App waren nach einer kurzen Eingewöhnungszeit leicht zu bedienen und funktionierten, sofern ein gutes GPS-Signal vorhanden war, einwandfrei. Ein solches Gerät ist somit für alle Herrchen und Frauchen empfehlenswert, die auf Nummer Sicher gehen möchten.

Adressteil:

Wander-Apps:

Komoot Fahrrad- und Wander-App: Mit dem im Buch abgedruckten Gutschein-Code einfach alle Wander-Touren von „Mehr Spaß mit Deinem Hund – Ausgabe Saarland" kostenlos in App- oder Play-Store herunterladen. Weitere Infos gibt es unter www.komoot.de.

Saarland Touren-App der Tourismus Zentrale Saarland: Ebenfalls kostenlos im App-Store herunterzuladen. Mehr Infos hierzu unter www.tourismus.saarland.de.

Bestickte Halsbänder & Hundegeschirre nach Maß:

Saardogs, Lüderitzstr. 47, 66333 Völklingen, Tel.: 06898-493716, www.saardogs.com

GPS-Sender für Hunde:

Tractive GmbH, Pluskaufstr. 7, A-4061 Pasching, Österreich, www.tractive.com

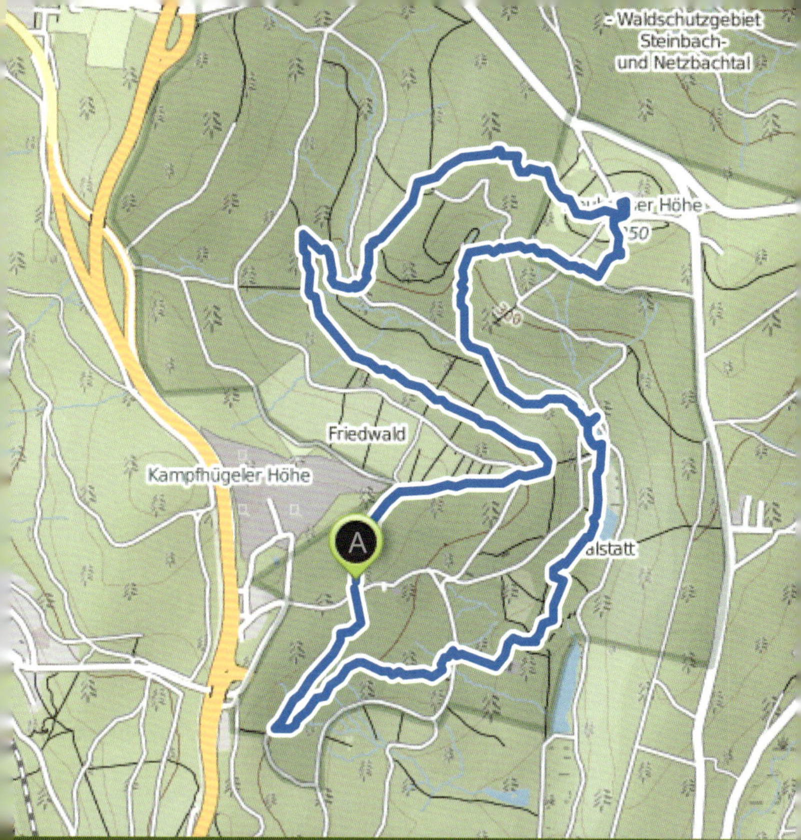

Regionalverband Saarbrücken

Urwald-Tour

01

Strecken-Länge	*8,2 km*
Dauer	*3,5 Stunden*
Schwierigkeitsgrad	
Wasserstellen unterwegs	*ja*
Leinenführigkeit	*von Vorteil*
Bodenbeschaffenheit	*Waldpfade (teilweise sumpfig), Forstwege*
Überquerung von Straßen	*nein*
Trittsicherheit	*von Vorteil bei Hund und Mensch*
Für fitte Senioren-Hunde	*bedingt*
Einkehr an der Strecke	*ja*
Strecken-Bewertung	

Start: Naturfreundehaus Kirschheck 70, 66115 Saarbrücken. Unterhalb des Naturfreundehauses befindet sich ein kleiner Parkplatz.

Die „Urwald-Tour" ist eine meiner Lieblingstouren, nicht nur, weil sie fast vor meiner Haustüre liegt, sondern weil die Natur dort zu jeder Jahreszeit ihren besonderen Reiz hat. Der „Urwald vor den Toren der Stadt" ist ein beindruckend schönes Naturschutzgebiet mit reichhaltiger Tier- und Pflanzenwelt.

Das Projekt „Urwald vor den Toren der Stadt" begann 1997, 1998 wurde zunächst das Steinbachtal als Naturschutzgebiet ausgewiesen, 2002 kam das Netzbachtal hinzu. So ist ein etwas mehr als 1.000 Hektar großes Wald-Naturschutzgebiet entstanden, in dem nach dem Motto „Die Natur Natur sein lassen" auf jede wirtschaftliche Nutzung des Waldes verzichtet wird. Umgestürzte, moosüberzogene Bäume und zugewachsene Wege prägen das Bild. Wer weitergehende Informationen über das Urwald-Konzept haben möchte, erhält diese in der Scheune Neuhaus, im Zentrum für Wildnis- und Waldkultur. Dort kann auch das Scheunenprogramm bestellt werden, das alternativ unter www.saar-forst.de heruntergeladen werden kann. Es beinhaltet eine Vielzahl an tollen

Veranstaltungen wie Wanderungen, Vorträge, Lesungen, Workshops und Festivitäten.

Die Urwaldtour bin ich 2015 zwei Mal gelaufen: im März mit einer größeren Gruppe und im Juli mit zwei Begleiterinnen und drei Hunden. Wir parken auf dem kleinen Parkplatz am Naturfreundehaus Kirschheck. Von dort aus laufen wir links den Waldweg hoch bis zum Friedwald-Eingang, denn hier finden wir das erste Wege-Zeichen, das uns den Touren-Einstieg

anzeigt. Oben am Friedwald-Terrain angekommen, biegen wir rechts in den „Mondweg". 19 der insgesamt rund 1.000 Hektar des Urwald-Naturschutzgebiets werden im Friedwald für Bestattungen in der Natur genutzt. Für mich als Natur-Fan eine gut vorstellbare letzte Ruhestätte. Perfekt wäre es natürlich, wenn die Asche unserer Haustiere dort gleich mitbeerdigt werden könnte. Seit 2015 gibt es zum Beispiel in Braubach bei Koblenz und in Essen Mensch-Tier-Friedhöfe, wo Urnen von Menschen und Tieren gemeinsam bestattet werden können. Also, geht doch!

Tipp: *In den Sommer-Monaten auf keinen Fall Mücken-Spray vergessen, man ist sonst ein gefundenes Fressen für Horden von Stechmücken.*

Wir bleiben für ca. 570 Meter auf dem Mondweg, folgen der Beschilderung geradeaus und verlassen das Friedwald-Gebiet.

Der Weg macht eine Linksbiegung und es geht abwechselnd auf breiten und schmalen, manchmal auch etwas unwegsamen Urwald-Pfaden zum Forsthaus Neuhaus. Immer wieder überqueren wir Holzbrücken und kleine Stege und unsere Hunde können sich unterwegs auch an kleinen Bachläufen erfrischen. Erst kurz vor dem Forsthaus Neuhaus, das wir nach ca. 4,2 Kilometern erreichen, treffen wir wieder auf Wanderer und Spaziergänger.

Wir laufen zum Innenhof, setzen uns, schauen dem gut gelaunten Treiben im Scheunen-Garten zu und fragen uns, was da wohl los ist. Mit Hunden unterwegs zu sein, hat einen sehr großen Vorteil: Man kommt in der Regel recht schnell ins Gespräch. 50 Prozent der Menschheit ist „hunde-affin", daher dauert es nicht lange, bis eine Dame zu uns kommt und fragt, ob sie unsere Hunde streicheln kann. Sie erklärt uns, dass es sich bei der Veranstaltung um das Sommerfest eines Bankhauses handele. Und schon ist unsere Neugierde befriedigt! Die mitwandernde Großpudel-Dame Coco genießt noch ein paar Streicheleinheiten, bevor wir uns wieder auf den Weg machen. Vorne am Eingangstor befinden sich übrigens eine Infotafel und ein Ständer mit dem Scheunen-Programm zum Mitnehmen. Direkt gegenüber geht es ein paar Stufen hinunter zum Lehrbienenstand, hier kann man den „Urwald-Honig" kaufen und sich über die Bienenzucht informieren. Die genauen Öffnungszeiten sind auf der Internetseite des Landesverbandes Saarländischer Imker (www.saarlandimker.de) zu finden.

Wir folgen der Route bergab, links über eine Wiese und dann wieder in den Wald hinein. Erneut sind kleinere Holzbrücken und -Stege zu überqueren und wir gelangen zu den Überresten des „Waschbrunnens des Neuhauser Hofes", die an die Zeit der Waschfrauen und des Wäschewaschens im klaren Wasser von Brunnen oder Bächen erinnern. Auf schmalen Urwald-Pfaden verläuft die Route weiter in Richtung Gouvysweiher und Tal der Stille. Nach ca. 6 gelaufenen Kilometern kommt die Abkühlung im Gouvysweiher (benannt nach Pierre Joseph Gouvy, dem Begründer der saarländischen Frühindustrie um 1750) für unsere Hunde gerade recht und sie genießen eine kurze Schwimmrunde. Über einen steilen Pfad gelangen wir ins Tal der Stille. Auf dieser Passage ist Vorsicht geboten, vor allem wenn die Wege nass und rutschig sind. Dann müssen wir abermals steil bergauf. Uns kommen Jogger entgegen und voller Bewunderung für diese sportliche Leistung wandern wir schnaufend weiter, denn es ist 37° heiß. Wir sind nun unterwegs zum „Kleinen Fuji", einem etwa 30 Meter hohen Haldenkegel. Eine steile Treppe, die sogenannte „Himmelsleiter", führt hinauf und oben werden wir mit einem Weitblick über den Saarkohlewald belohnt. Auch für unsere Hunde ist das Hinaufklettern anstrengend und abwärts ist hier wiederum Vorsicht geboten, vor allem mit Hunden, die gerne an der Leine ziehen. Vor uns liegt noch eine etwa 1,5 Kilometer lange Strecke durch eine Baumallee und über schmale Pfade, vorbei an mit Wasser gefüllten Bombentrichtern. Auf dem letzten Wegstück, kurz vor dem Aus-

gangspunkt, können sich unsere Hunde noch einmal an einem Brunnen erfrischen. Unsere Erfrischung wartet im Biergarten des Naturfreundehauses und wir lassen dort den Abend bzw. die Tour gemütlich enden.

Einkehrtipps:

Vor ein paar Jahren konnte man auch am Forsthaus Neuhaus einkehren, leider ist dieses Restaurant derzeit geschlossen. Jedes Mal, wenn ich dort Gassi gehe, hoffe ich, dass sich bald ein neuer Pächter findet, denn es handelt sich um eine wunderschöne Location, mitten im Wald und mit tollem Biergarten unter einer alten Platane. Vielleicht fühlt sich ja ein Leser oder eine Leserin dieses Buches berufen und findet dort einen neuen (gastronomischen) Wirkungskreis.

Naturfreundehaus Kirschheck

Das Naturfreundehaus Kirschheck mit seinem großen, idyllisch gelegenen Biergarten ist vor allem im Sommer ein beliebtes Ziel für Wanderer, Radfahrer und Natur-Fans, die sich gerne im „Urwald" aufhalten. Eine kleine Speisenauswahl sowie Tagesgerichte werden hier angeboten, zudem gibt es eine gute Auswahl an leckeren Kuchen. Im Biergarten fühlt man sich als Hundebesitzer sehr wohl, denn an manchen Tagen liegt unter fast jedem Tisch ein Vierbeiner. Anfang März, als wir mit einer größeren Hundegruppe unterwegs waren, konnten wir aber auch ohne Probleme im Restaurant Platz nehmen.

Café Nostalgie

Wer noch einen Abstecher einplanen möchte, dem empfehle ich das liebevoll in einem alten Bauernhaus eingerichtete Café Nostalgie in Riegelsberg. Es liegt zwar nicht an der Strecke, aber mit dem Auto ist man in knapp zehn Minuten dort. Es ist der ideale Ort für einen sonntäglichen Brunch mit anschließender Wanderung oder um sich nach dem Wandervergnügen mit Kaffee und einem leckeren Stück Kuchen zu belohnen. (s. Restaurant-Tipp S. 279)

Tour-Bewertung:

Die Urwald-Tour ist für jeden Natur-Fan ein Genuss, sie ist jedoch anspruchsvoll und erfordert von Mensch und Hund gute Kondition und Trittsicherheit. Vor allem im Winter bzw. im Frühjahr sind die steilen, manchmal auch unwegsamen Passagen u.U. sehr rutschig und daher nicht ganz ungefährlich, wenn man einen ziehenden Hund an der Leine hat. Gute Leinenführigkeit ist für diese Tour daher vorteilhaft, gutes wasserdichtes Schuhwerk ebenfalls. Die vielen Holzbrücken, Stege und die Stufen zum Kleinen Fuji bieten

eine gute Gelegenheit, das Laufen auf verschiedenartigem Untergrund, also Trittsicherheit, mit dem Hund zu trainieren. Erfrischungsmöglichkeiten (für den Vierbeiner) gibt es zahlreiche, dennoch empfehle ich in den Hochsommer-Monaten Wasser mitnehmen, da einige Bachläufe ausgetrocknet sein könnten.

Auch für fitte Hunde-Senioren ist die Strecke machbar, sofern der Bewegungsapparat noch intakt ist. Ab und an mussten wir über umgestürzte Bäume klettern, das war für unsere betagten vierbeinigen Wanderbegleiter mitunter anstrengend.

Einkehrmöglichkeiten kompakt:

Naturfreundehaus Kirschheck, Kirschheck 70, 66115 Saarbrücken, Tel.: 0681-74777, Öffnungszeiten: Di bis So, April bis Oktober 10-20 Uhr, November bis März 11 bis 19 Uhr, Ruhetag: Mo

Café Nostalgie, Buchschacherstr. 2, 66292 Riegelsberg, Tel.: 06806-9339742, Öffnungszeiten: Mi bis So von 9 bis 12 und 14 bis 18 Uhr

Weitere nützliche Adressen:

Scheune Neuhaus – Zentrum für Waldkultur, Forsthaus Neuhaus, 66115 Saarbrücken-Riegelsberg, Tel.: 06806-102419, www.saar-urwald.de

SaarForst Landesbetrieb, Von der Heydt 12, 66115 Saarbrücken, Tel.: 0681-971201, www.saarforst.de

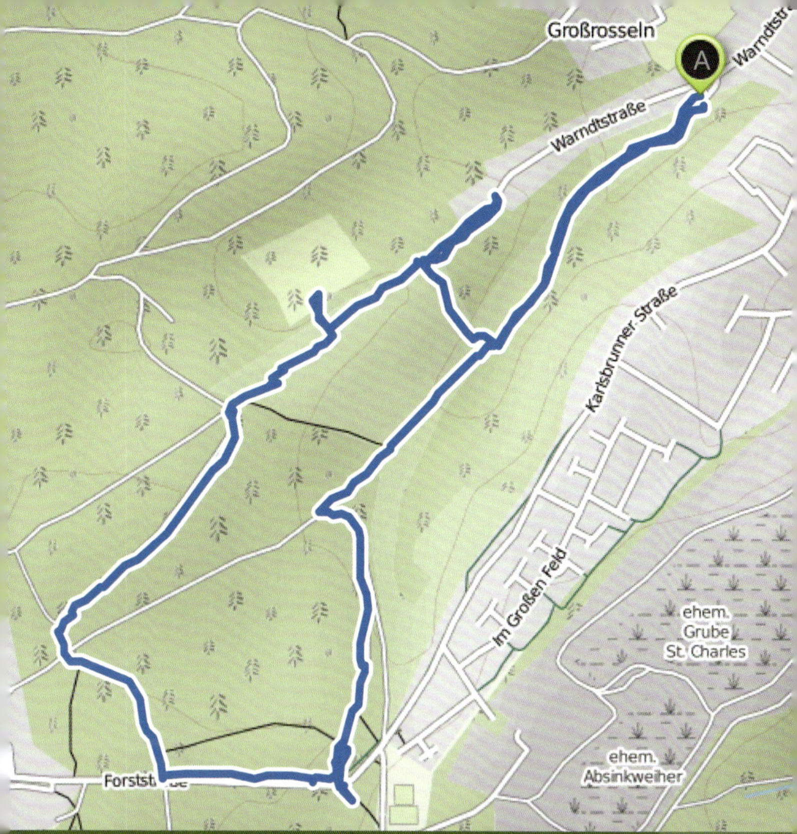

Regionalverband Saarbrücken

Schäfertrail

02

Strecken-Länge	3,8 km
Dauer	1 Stunde
Schwierigkeitsgrad	1 von 3 Pfoten
Wasserstellen unterwegs	keine
Leinenführigkeit	keine besondere Anforderung
Bodenbeschaffenheit	Wald- und Wiesenwege, Asphalt
Überquerung von Straßen	nein
Trittsicherheit	keine besondere Anforderung
Für fitte Senioren-Hunde	ja
Einkehr an der Strecke	nein
Strecken-Bewertung	2 von 5 Knochen

Start: 66352 Großrosseln, Im Mühlental. Am Ende der Straße befindet sich ein kleiner Parkplatz

Der Schäfertrail führt durch die Kulturlandschaft des Warndt über die ursprünglichen Triebwege der Wanderschäfer. Er ist insgesamt ca. 20,5 Kilometer lang, kann jedoch in mehrere Etappen bzw. Schleifen unterteilt werden: Heidschnuckenrundweg (7,6 km), Meisenberg-Rundweg (4,5 km), St. Nikolaus-Schleife (8,5 km), Mühlental-Schleife (3,8 km). Entlang der Strecke zwischen Großrosseln, Dorf im Warndt, Ludweiler und Karlsbrunn befinden sich die Weiden der Merino-Landschaf-Herde der Schäferei Sommer und der Heidschnucken-Herde des Landschaftspflegevereins Karlsbrunn. Die Tiere stehen in der Regel ab Mai auf den Koppeln und sorgen dafür, dass die Wiesen rund um die Dörfer nicht zuwuchern. Info-Tafeln informieren an vielen Stellen über das Schäferhandwerk und die Landschaftspflege mit Schafen.
Wir entscheiden uns für eine der kürzeren Schleifen – die Mühlentalschleife. Wir sind zu zweit mit vier Hunden unterwegs, es ist Mitte März. Unser Startpunkt ist der kleine Parkplatz in der Straße „Im Mühlental" in Großrosseln. Von hier aus geht es sanft bergauf, vorbei an großzügigen Weideflächen. Es folgt

eine kurze Waldpassage und wenig später gelangen wir an eine perfekt positionierte Sinnesbank und genießen dort für einige Minuten den schönen Ausblick. Eine Informationstafel klärt uns auf, dass es sich bei der Mühlentalschleife um einen Weg handelt, „der früher von den Anwohnern umliegender Dörfer genutzt wurde, um Getreide in die Mühle von Großrosseln zu bringen".

Nach einer Strecke von etwa zwei Kilometern stoßen wir auf die Forststraße, eine Landstraße zwischen Großrosseln und Dorf im Warndt. Aufgrund der fehlenden Wegmarkierung verlaufen wir uns hier und überqueren die Forststraße, statt rechts abzubiegen und ca. 350 Meter parallel zur Straße dem asphaltierten Weg in Richtung Dorf im Warndt zu folgen. Laut Auskunft des Wegbetreibers wurden zwischenzeitlich einige Schilder erneuert, daher sollte ein Verirren nun nicht mehr möglich sein. Kurz vor dem Ort macht der Weg eine Rechtsbiegung in den Wald hinein und wir passieren ein kurzes Waldstück. Dann öffnet sich der Wald und gibt den Blick frei auf eine größere, leicht abfallende Weidelandschaft. Wir lesen auf einem Schild, dass es sich hierbei um den letzten größeren Offenlandbereich im Ortsteil Großrosseln handelt. Über einen Wiesenpfad geht es bergab hin zu einem perfekten Plätzchen für eine Rast. Wir lassen uns auf einer Bank nieder und genießen den Ausblick und die Stille.

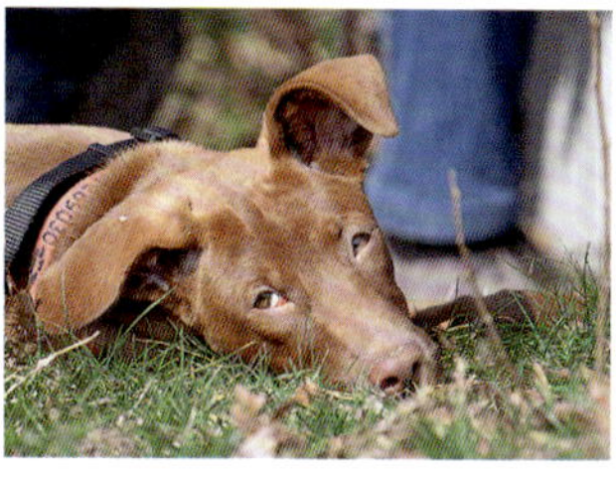

Nach der Rast führt uns der Weg weiter abwärts und wir finden diverse Schautafeln, die uns umfassend über die Landschaftspflege mit Schafen und ganz nebenbei über die Herkunft des Ausdrucks „Schäferstündchen" informieren. Die

Wegmarkierung zeigt uns, dass wir nun rechts abbiegen und den Hang hinunter müssen. Unten angekommen mündet der Pfad in den breit angelegten Weg unweit unseres Startpunktes.

Einkehrmöglichkeiten:

Entlang der Mühlentalschleife gibt es keine Einkehrmöglichkeiten. Mit dem Auto lassen sich jedoch die Restaurants, die beim Warndt-Wald-Weg aufgeführt sind, recht schnell erreichen.

Tour-Bewertung:

Leider waren wir zu früh unterwegs, um die Schafe auf ihren Weideflächen zu erleben. Laut Auskunft des Wegbetreibers stehen sie ab Mai je nach Wetterlage bis Dezember auf den Weiden. Der Weg ist dann sicherlich noch um einiges schöner, dennoch hat er mir im März bereits sehr gut gefallen.
Die Strecke ist als einfach zu bewerten, sie stellt keine hohe Anforderung an Mensch und Hund. Wasser für den Hund sollte man auf jeden Fall mitnehmen, es gibt zwar ein paar kleinere Rinnsale, im Sommer dürften diese jedoch ausgetrocknet sein.
Immer wieder laden Sinnesbänke und andere Sitzgelegenheiten mit schönen Ausblicken entlang der Mühlental-Schleife zum Verweilen ein. Sie ist aufgrund ihrer Länge von nur 3,8 Kilometern eine wunderbare Tour „für zwischendurch".

Nützliche Adressen:

Auf der Internetseite der Gemeinde Großrosseln kann der Flyer des Schäfertrails sowie der einzelnen Schleifen heruntergeladen werden (Menüpunkt Tourismus/Wandern):

Gemeinde Großrosseln, Klosterplatz 2-3, 66352 Großrosseln, Tel.: 06898-449112, www.grossrosseln.de

Regionalverband Saarbrücken

Warndt-Wald-Weg

03

Strecken-Länge	*16 km*
Dauer	*4-5 Stunden*
Schwierigkeitsgrad	🐾🐾 (von 3)
Wasserstellen unterwegs	*ja*
Leinenführigkeit	*von Vorteil*
Bodenbeschaffenheit	*Wald- und Wiesenwege, Asphalt*
Überquerung von Straßen	*ja*
Trittsicherheit	*keine besondere Anforderung*
Für fitte Senioren-Hunde	*ja, eventuell in Etappen*
Einkehr an der Strecke	*ja*
Strecken-Bewertung	4 von 5 Knochen

Start: Wanderparkplatz, 66352 Großrosseln-Karlsbrunn, Lauterbacher Straße

Der Warndt-Wald-Weg führt durch das größte zusammenhängende Waldgebiet im Saarland, den Warndt, mit einer Gesamtfläche von 5.000 Hektar, unmittelbar entlang der französischen Grenze, vorbei an den Orten Karlsbrunn, St. Nikolaus, Dorf im Warndt und Emmersweiler.

Zu dritt mit 3 Hunden sind wir an einem 37° heißen Juli-Freitag unterwegs. Doch bevor wir die Tour starten, schauen wir uns das Jagdschloss Karlsbrunn bzw. den Forstgarten an. In den kleinen bezaubernden Schlossgarten dürfen Hunde mit hinein, zumindest hängt kein Verbotsschild am Eingangstor. Weiter geht es durch den Innenhof, in dem es seit Mai 2015 einen kleinen Biergarten gibt. In den Sommermonaten lässt sich die Warndt-Wald-Tour dort bestens abschließen (Öffnungszeiten s. Einkehrtipps).

Das Jagdschloss Karlsbrunn ist Bestandteil der Barockstraße Saarpfalz. Fürst Ludwig von Nassau-Saarbrücken ließ es 1783 errichten und drei Jahre später erweitern. In Folge der

Französischen Revolution ging die Jagdresidenz 1798 in Privatbesitz über. 1840 übernahm die Preußische Forstverwaltung Gebäude und Garten. Die dort nun ansässigen Förster widmeten sich neben der Waldpflege zunehmend auch der Gartenanlage des Schlosses und schufen Forstgärten. Daraus entstand – nach Jahren der Verwilderung – der Forstgarten in seiner heutigen Form, der seit 2008 zum Projekt „Gärten ohne Grenzen" gehört.

Am hinteren Ende des Innenhofes führen Stufen nach unten zur Schloss-Straße, die wir überqueren, um zum Startpunkt unserer Tour zu gelangen. Der befindet sich direkt neben dem kleinen Parkplatz, auf dem wir unsere Autos abgestellt haben. Etwa 200 Meter weiter erreichen wir einen Brunnen (am Wildschweinkopf zu erkennen), an dem sich unsere Hunde noch etwas erfrischen können, bevor wir abermals über die Schloss-Straße (Karlsbrunn Richtung St. Nikolaus) und anschließend bergauf zum Meisenberg marschieren. Gleich der erste Anstieg lässt uns ordentlich schnaufen, denn ca. 400 Meter geht es den steilen, schmalen Pfad hinauf, bis sich der Wald öffnet und wir entlang herrlicher Weiden weiter dem Tourenschild folgen. Nach ca. 800 Metern macht der Weg an einer Schranke eine Rechtsbiegung in den Wald hinein und führt uns zur Sprossmannsquelle. Vor der Quelle befindet sich ein kleiner Weiher und Großpudel-Dame Coco und die beiden Border Collies Jule und Fynn, die uns an diesem Tag begleiten, genießen eine ausgiebige Schwimmrunde.

Wenig später passieren wir die ehemalige Eisenbahntrasse der Warndtkohlenbahn. Wir befinden uns ganz in der Nähe des Ortes „Dorf im Warndt" und die Strecke führt nun an Wiesen- und Waldrand entlang, durch das Grohbruchtal in Richtung Emmersweiler. Vor dem Ort biegen wir rechts ab, hier befindet sich ein schön angelegter Brunnen mit Trinkwasser, an dem wir unsere Hunde-Wasserflaschen auffüllen. Drei Kilometer zum Weiher in St. Nikolaus liegen noch vor uns. Leider bleibt uns zum Verweilen keine Zeit, denn über uns braut sich ein Gewitter zusammen, es donnert bereits. Gerne hätte ich mir ein wenig mehr Zeit genommen, um die schilfbewachsenen Flächen und die blühenden Pflanzen mit den vielen flatternden Schmetterlingen etwas näher anzuschauen, an denen wir nun leider sehr schnellen Schrittes vorbeimarschieren.

Wir tangieren den Ortsrand von St. Nikolaus, laufen am Sportplatz entlang und wieder sanft bergauf in den Wald hinein. Es donnert erneut und wir erhöhen unser Tempo, um wenigstens noch trocken den Weiher in St. Nikolaus zu erreichen. Schmale Pfade und breite Forstwege wechseln sich ab und wir sehen unterwegs etliche Viehkoppeln. Hier, wie auch an anderen Stellen, kreuzt der Warndt-Wald-Weg den Schäfertrail (s. S. 39). Auf den Weiden, an denen wir vorbeikommen, können ab dem Frühjahr die Schafe der Schäferei Sommer bewundert werden. Nach einer kurzen, steilen Passage abwärts folgt die Überquerung der Landstraße (die von Karlsbrunn nach St. Nikolaus führt) und schon erreichen wir den Weiher. Hier befindet sich ein dritter Trinkwasser-Brunnen, an dem man bequem Hunde- und eigene Wasserflaschen auffüllen kann. Daneben informiert uns eine Schautafel über den Ort St. Nikolaus.

Eigentlich hatten wir noch einen kulinarischen Zwischenstopp im Restaurant „Blockhaus“ eingeplant, aber aufgrund der Wetterlage entscheiden wir uns, schnell zurück zu den Autos zu gehen und die Tour an einem anderen Tag fortzuführen. Ich frage aber im „Blockhaus“ noch kurz nach, ob eine Einkehr mit Hund möglich ist. Zwei Männer am Tresen und die freundliche Bedienung bestätigen mir, dass Hunde sehr willkommen sind. Während ich mich verabschiede, empfehlen sie mir, auf dem Rückweg am Kiosk des Wildfreigeheges das Hunde-Eis zu probieren, das dort angeboten wird. Ungefähr 700 Meter sind es nun noch durch den Wald bis zum Wildfreigehege. Leider haben wir aber Pech, der Kiosk ist bereits geschlossen.

Wir laufen am Zaun des Wildfreigeheges vorbei, dort haben sich schon einige Ziegen versammelt und unsere Hunde schauen neugierig zu, wie sie von Spaziergängern gefüttert werden. Da wir an dieser Stelle wegen dem nahenden Unwetter die Tour beenden wollen, kommen uns die Ziegen für eine Abschluss-Übung gerade recht. Border Collie Fynn findet die Ziegen „zum Fressen aufregend“ und mein Border Collie Mädchen Jule verkriecht sich vor Angst hinter mir, als zwei Ziegenböckchen beim Kräftemessen heftig mit den Hörnern gegeneinander prallen. Nur Großpudel-Dame Coco findet wie immer alles spaßig. Nach einigen Minuten hat sich aber die Aufregung gelegt und unsere Hunde sitzen artig mit uns vor dem Zaun und beobachten die beschäftigten Ziegen.

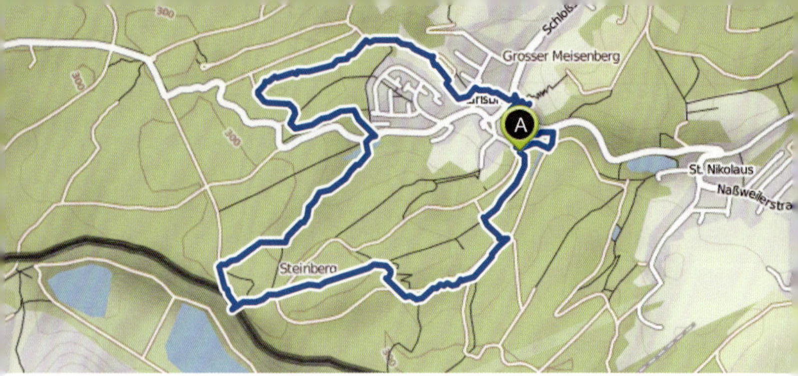

Etwa zwei Wochen später nehmen wir uns den Rest der Strecke vor. Generell ist sie sehr gut in zwei Etappen aufteilbar, da sich der Parkplatz am Ausgangspunkt auch ganz in der Nähe des Wildfreigeheges befindet. Alternativ kann man auch direkt am Wildfreigehege parken. Das Hunde-Eis hat meine Neugierde geweckt, daher schauen wir zuerst am Wildpark-Kiosk vorbei. Dieses Mal haben wir Glück und unsere Hunde probieren genüsslich das Eis aus laktosefreiem Joghurt, das von Kiosk-Betreiber Andreas Steinhauer extra für seine vierbeinigen Kunden zubereitet wird. Die Idee, Hunde-Eis im eigenen Kiosk anzubieten, kam ihm beim Anschauen einer Fernseh-Reportage über zwei Brüder aus Potsdam, die eine Hunde-Eis-Firma gegründet haben. „Viele meiner Kunden bringen ihre Hunde mit. Für die sollte es in Zukunft am Kiosk auch ein Angebot geben", erzählt mir Hunde-Fan Andreas Steinhauer. Er hat selbst zwei Labradore und die halfen natürlich mit bei der Entwicklung von schmackhaftem Eis in den Geschmacksrichtungen Banane, Leberwurst und Lyoner.

Am Ziegengehege, an dem wir die erste Tour beendet hatten, steigen wir wieder in den Warndt-Wald-Weg ein. Laut Tourenschild sind es von hier aus noch 2,2 Kilometer zur Aussichtsplattform „Carrière Freyming" und insgesamt 6,3 Kilometer bis zum Jagdschloss Karlsbrunn. Durch eine Waldpassage geht es hoch zum Wildschweingehege, vor dem wir links abbiegen und einem breiten Waldweg folgen, bis wir zu den Stufen kommen, die uns hoch zum Steinberg und von dort aus zur Aussichtsplattform bringen. Mal mehr, mal weniger steil sind etliche Stufen zur erklimmen und ungeübte Wanderer dürften hier ins Schwitzen kommen. Dafür wird man am Aussichtspunkt mit einem großartigen Blick über die ehemalige Sandgrube der französischen Grube Merlebach belohnt, die heute renaturiert wird. Die Aussichtsplattform auf der Abbruchkante befindet sich unmittelbar auf der Grenze zwischen Frankreich und Deutschland. Es geht steil nach unten und wir sehen mehrere kleine angelegte Weiher, auf denen sich zahlreiche Enten niedergelassen haben. Am Geländer schaue ich mir neugierig die vielen „Liebesschlösser" an, die dort angebracht wurden. Scheinbar hat dieser Ort eine besondere Anziehungskraft für Paare. Unsere Hunde sind jedoch nervös und zeigen uns so, dass sie die Waldwege mit festem Boden „unter den Pfoten" vorziehen. Also machen uns auf zum letzten Abschnitt der Tour. Nun geht es bergab durch den Wald und am Ortsrand von Karlsbrunn überqueren wir die Lauterbacher Straße. Auf einer letzten Waldschleife umwandern wir den Ort und gelangen zunächst zum idyllisch

gelegenen Gehege des Landschaftspflegevereins Karlsbrunn. Wir nehmen uns etwas Zeit, beobachten dort eine Herde Merino-Schafe und verweilen an einem Schild, das über die Landschaftspflege im Warndt aufklärt, bevor wir vorbei am nahen Sportplatz, der evangelischen Kirche Karlsbrunn und dem Hiwwelersch Haus zurück zum Jagdschloss gelangen. Ein kühles Getränk im dortigen Biergarten ist der perfekte Abschluss des 6,3 Kilometer langen zweiten Touren-Abschnitts.

Einkehrtipps:

Entlang des Warndt-Wald-Weges befinden sich einige gastronomische Angebote für den kleinen oder großen Hunger:

Biergarten Jagdschloss Karlsbrunn

Hier kann man in den Sommermonaten sehr schön sitzen. Es gibt eine kleine Auswahl an Speisen, wie die Jägerplatte oder das Frischkäsebrot. Die Zutaten kommen überwiegend aus der Region und werden von Jörg Peters, dem Küchenchef der Warndtperle in Ludweiler, zubereitet. Die selbst gebackenen Kuchen und Cookies kommen aus der Baker Street in Saarbrücken. An den Wochenenden und an Feiertagen kann die Tour hier gemütlich enden.

Blockhaus

Direkt am St. Nikolaus-Weiher befindet sich das Restaurant „Blockhaus" mit Biergarten-Terrasse mit Blick auf den Weiher. Seit 1937 ist es im Familienbesitz und hat Tradition als beliebtes, familien freundliches Ausflugsziel. Andrea und Norbert Huber, selbst Hundebesitzer (von „Riesen"-Dackel Gismo), bieten den Gästen eine umfangreiche Speisekarte mit Fleisch-, Fisch- und vegetarischen Gerichten, aber auch saarländischen Spezialitäten an. Vierbeinige Gäste sind herzlich willkommen und dürfen selbstverständlich mit ins Restaurant. Dies gilt auch für Gruppen mit mehreren Hunden. Das Blockhaus erreicht man nach knapp 8,5 Kilometern Wegstrecke.

Kiosk Karlsbrunner Wildpark-Snack

Nach ca. 9,5 Kilometern führt die Strecke am Karlsbrunner Wildpark-Snack vorbei. Dort kann man sich sowohl mit Currywurst, Pommes, Schnitzel oder Frikadellen stärken als auch dem Hund ein leckeres Hunde-Eis gönnen. Sonntags bietet der Kiosk zudem noch ein Extra-Gericht, wie z. B. Spießbraten mit Kartoffelsalat, an. Frisches Wasser für die Hunde steht an der „Hunde-Tanke" bereit.

Tour-Bewertung:

Die Strecke ist sehr abwechslungsreich und auf vielen Info-Tafeln erfährt man Wissenswertes über die Region. Es gibt einige Highlights, wie z. B. das Jagdschloss Karlsbrunn, den Weiher in St. Nikolaus oder auch den beeindruckenden Blick von der Aussichtsplattform „Carrière Freyming".
Die Warndt-Wald-Tour verläuft überwiegend auf schönen Waldwegen. Sobald sich der Wald einmal öffnet, blickt man auf wunderbare Weiden- und Wiesenlandschaften. Drei Mal ist die Überquerung von Landstraßen notwendig, daher Vorsicht, wenn der Hund frei mitläuft. Einige wenige Passagen sind etwas steiler, dennoch verlangt die gesamte Tour aufgrund der Streckenlänge eine einigermaßen gute Kondition bei Mensch und Hund. Sie ist jedoch, wie beschrieben, in zwei Etappen aufteilbar und damit auch für rüstige Hunde-Senioren gut machbar. Unterwegs gibt es mehrere Abkühlungs- und Erfrischungsmöglichkeiten, z. B. an den Trinkwasserbrunnen, am Teich an der Sprossmannsquelle oder auch am Weiher in St. Nikolaus.

Einkehrmöglichkeiten kompakt:

Biergarten am Jagdschloss Karlsbrunn, Im Alten Jagdschloss, Schloss-Str. 14, Tel.: 06809-967996, www.jagdschloss-karlsbrunn.de, Öffnungszeiten von Mai bis Oktober: Fr 15 bis 19 Uhr, Sa, So und an Feiertagen von 12 bis 19 Uhr

Blockhaus in St. Nikolaus, Mühlenweg 3, Tel.: 06809-180728, www.blockhaus-warndt.de, Öffnungszeiten: ab 11.30 Uhr, durchgehend warme Speisen. In den Wintermonaten ist das Restaurant montags geschlossen.

Kiosk am Wildfreigehege Karlsbrunner Wildpark-Snack, Am Wildpark, Friedhofstr., 66352 Großrosseln-Karlsbrunn, Tel.: 0160-375 53 13, Öffnungszeiten: Mo bis Fr von 14 bis 19 Uhr, Sa von 12 bis 19 Uhr, So 10 bis 19 Uhr. In den Ferien ist der Kiosk wochentags bereits ab 12 Uhr geöffnet.

Weitere nützliche Adressen:

Die Gemeinde Großrosseln bietet regelmäßig geführte Wanderungen über den Warndt-Wald-Weg an:
Gemeinde Großrosseln, Klosterplatz 2-3, 66352 Großrosseln, Tel.: 06898-449112, www.grossrosseln.de

Tourist-Info im Saarbrücker Schloss, Schloßplatz 1-19, 66119 Saarbrücken, Tel.: 0681-5066051, www.regionalverband-saarbruecken.de

Tourist Information im Rathaus, Rathaus St. Johann / Haupteingang, Rathausplatz 1, 66111 Saarbrücken, Tel.: 0681-95909200, www.die-region-saarbruecken.de

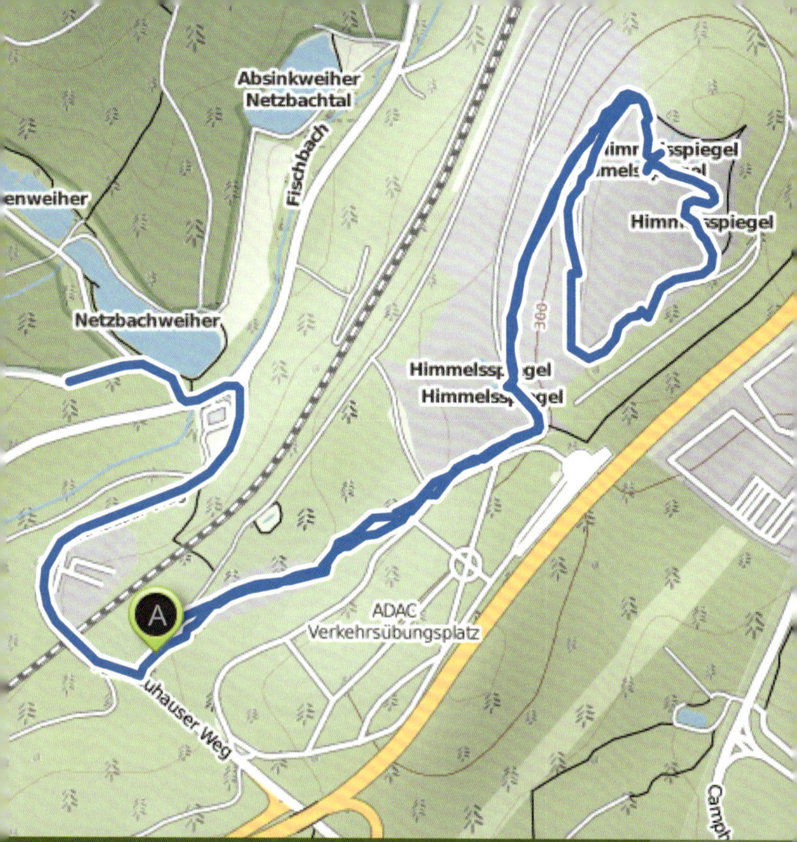

Regionalverband Saarbrücken

Rund um die Halde Lydia

04

Strecken-Länge	*4 km*
Dauer	*2 Stunden*
Schwierigkeitsgrad	
Wasserstellen unterwegs	*wenig*
Leinenführigkeit	*keine besondere Anforderung*
Bodenbeschaffenheit	*überwiegend Schotterweg*
Überquerung von Straßen	*ja, falls Start am Netzbachweiher*
Trittsicherheit	*keine besondere Anforderung*
Für fitte Senioren-Hunde	*ja*
Einkehr an der Strecke	*nein*
Strecken-Bewertung	

Start: Unterhalb des ADAC-Verkehrsübungsplatzes, L256 (Verbindungsstraße zwischen Fischbach und Dudweiler) befinden sich einige Parkplätze an der Straße. Alternativ kann man auf dem großen Parkplatz am Netzbachweiher parken (Fischbachstraße, 66287 Fischbach) und von dort aus starten.

Als Zeugen einer vergangenen Zeit erinnern uns die Berghalden an die saarländische Bergbau-Tradition. Heute sind die meisten von ihnen beliebte Erholungsräume bzw. Ausflugsziele, so auch die Camphausener Halde Lydia, die zwischen 1950 und 1990 entstand. Die beiden ursprünglich aufgeschütteten Kegelhalden wurden später zu einem Tafelberg mit Spitzkegel zusammengefügt. Die Gesamtfläche der Halde umfasst 66 Hektar, das Haldenplateau 12 Hektar.

Ein Halden-Spaziergang kann entweder unterhalb des Verkehrsübungsplatzes (wenige Parkmöglichkeiten direkt an der Straße vor einer Schranke) oder vom großen Parkplatz am Netzbachweiher starten. In diesem Fall überquert man dann die Straße „Am Neuhauser Weg" und nutzt den kleinen Zugangsweg, der von hier aus hoch zur Halde führt. Der Weg schlängelt sich moderat ansteigend nach oben, sodass die zu überwindenden 120 Höhenmeter eigentlich kaum wahrgenommen werden. Nach fast einem Kilometer erreicht man die beiden ersten sogenannten Himmelsspiegel: runde, mit Regenwasser gefüllte Wasserbecken. Weitere 500 Meter bergauf befindet man sich schon auf dem Plateau mit dem Halden-Kreuz und drei weiteren Himmelsspiegeln. Ein befestigter Weg führt einmal komplett um das Plateau herum, sodass man sowohl den wunderbaren Ausblick auf den Saarkohlewald und das Fischbachtal mit seinen Weihern als auch von der gegenüberliegenden Seite den Blick über Dudweiler bzw. das Sulzbachtal genießen kann. Auf derselben Strecke wie beim Hinweg geht es wieder zurück zum Ausgangspunkt.

An wärmeren Tagen würde ich den Haldenrundgang mit einem Abstecher zum nahegelegenen Netzbachweiher kombinieren. Direkt vorne rechts am Weiher, kurz vor dem Gasthaus Seeblick, befindet sich eine Holzbrücke. Dort können die Hunde flach in den Weiher hineinlaufen. Vierbeiner, die im Wasser – ohne Boden unter den Pfoten – etwas unsicher sind und vielleicht noch erste Schwimmversuche machen, fühlen sich an dieser Stelle beim Wassertreten in der Regel ganz wohl. Rund um den Weiher gibt es zahlreiche weitere Einstiegsstellen. Die sind aber eher was für geübte vierbeinige Schwimmer, denn es geht gleich in tiefes Wasser hinein.

Tipp: *Wer sich intensiver auf die Spuren des Bergbaus begeben möchte, der kann den 45 Kilometer langen Haldenrundweg (mit der grün-weißen Weg-Markierung) wandern. Dieser führt vorbei an zahlreichen Bergmannssiedlungen sowie an sechs Halden, die rund um den Saarkohlewald (einem 6.000 Hektar großen Waldgebiet zwischen Saarbrücken, Völklingen und Göttelborn) angeordnet sind. Eine Info-Broschüre „Der Haldenrundweg" kann beim Ministerium für Umwelt und Verbraucherschutz angefordert oder auf der Internetseite heruntergeladen werden (s. Adressteil).*

Einkehrmöglichkeiten:
Gasthaus Seeblick

Das Gasthaus Seeblick befindet sich direkt am Netzbachweiher. Besonders im Sommer sitzt es sich im Biergarten mit Blick in die Natur ausgesprochen schön. Aber auch im Winter ist man im Gasthaus mit Hund willkommen.

Wir sind im letzten Winter, im Anschluss an einen eisigen Halden-Spaziergang, mit einer größeren Gruppe dort eingekehrt. Vor der Tür lagen Tücher bereit, damit man die Hunde etwas säubern konnte. Drinnen bestellten wir uns zum Aufwärmen Kaffee, warmen Kakao und leckeren Kuchen. Auf der Speisekarte des Gasthauses stehen in der Regel einige rustikale Gerichte für den kleinen oder großen Hunger.

Tour-Bewertung:

Ich bin den Halden-Weg bereits unzählige Male gelaufen. Die Tour ist leicht zu gehen und lockt mit der wunderbaren Aussicht vom Halden-Plateau. Obendrein ist sie zu jeder Jahreszeit schön: im Winter, wenn die Halden-Landschaft karg und grau oder mit Schnee bedeckt ist, wie auch im Sommer, wenn sich zwischen das Halden-Grau wieder das Grün der mittlerweile nicht mehr ganz so spärlichen Vegetation mischt. Ebenso wie auf der Halde Viktoria wurden hier einige Bäume angepflanzt und die Natur hat sich im Laufe der Jahre immer mehr Fläche zurückerobert.

Der Halden-Rundgang ist eine beliebte Gassi-Strecke, daher ist vor allem an den Wochenenden mit einer stärkeren Frequentierung zu rechnen. Wasser sollte man auf jeden Fall mitnehmen, da im Sommer die mit Regenwasser gefüllten Himmelsspiegel oft ausgetrocknet sind und es sonst keine weiteren Wasserstellen gibt.

Einkehrmöglichkeiten kompakt:

Gasthaus Seeblick, Netzbachtal 1, 66115 Saarbrücken/ Fischbach, Tel.: 06897-63434, Öffnungszeiten: Di bis So von 10 bis 24 Uhr. Ruhetag: Mo

Weitere nützliche Adressen:

Ministerium für Umwelt und Verbraucherschutz, Keplerstraße 18, 66117 Saarbrücken. Die Haldenrundweg-Broschüre kann unter der Telefon-Nr.: 0681-5014246 bestellt oder unter www.saarland.de/dokumente/thema_stadt_und_land/SKW_Haldenrundwegbroschuere(1).pdf heruntergeladen werden.

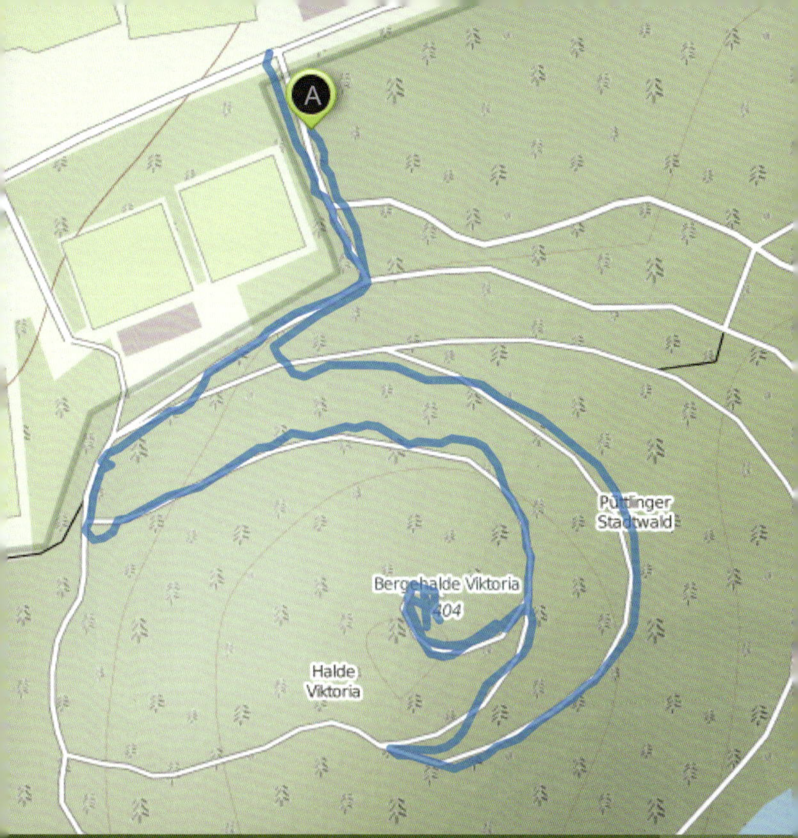

Regionalverband Saarbrücken

Halde Viktoria

05

Strecken-Länge	*1,5 km*
Dauer	*0,5 bis 1 Stunde*
Schwierigkeitsgrad	1 von 3 Pfoten
Wasserstellen unterwegs	*keine*
Leinenführigkeit	*bergab von Vorteil*
Bodenbeschaffenheit	*überwiegend Schotterweg*
Überquerung von Straßen	*nein*
Trittsicherheit	*bergab von Vorteil*
Für fitte Senioren-Hunde	*ja*
Einkehr an der Strecke	*nein*
Strecken-Bewertung	2,5 von 5 Knochen

Start: Parkplatz an den Sportanlagen im Espenwald, 66346 Püttlingen, Zur Bergehalde

Im Juni 1963 wurde die Grube Viktoria stillgelegt, damit ging das Zeitalter des Bergbaus in Püttlingen zu Ende. Der einstige Förderschacht Viktoria II, der heute Wahrzeichen des gleichnamigen Gewerbegebietes ist, sowie die in nächster Nähe befindliche Halde sind Zeugen dieser Bergbau-Vergangenheit. Die Halde Viktoria liegt im Püttlinger Naherholungsgebiet Espenwald und erstreckt sich über eine Fläche von 22 Hektar. Seit 1976 wurde sie umfassend begrünt, sodass sich zwischenzeitlich eine nahezu geschlossene vielfältige Vegetation, von Pappeln über Roterlen und Kiefern bis zu Wildrosen, entwickelt hat. Hier hat auch eine Vielzahl von Tieren einen Lebensraum gefunden. Unterhalb, an dem dort befindlichen Schlammweiher, entstanden zahlreiche Biotope und die Gegend um den Weiher herum wurde mittlerweile als Naturschutzgebiet ausgewiesen.

Wer Lust auf eine kurze Haldentour hat, der ist hier, am Ortsrand von Püttlingen, genau richtig. An den Sportanlagen im Espenwald gibt es einige Parkplätze und von hier aus führen zahlreiche Wege zur Halde. Diese Tour ist quasi eine meiner

„Haus-Strecken" und ich marschiere meistens in Richtung Reitsportanlage und dann rechter Hand in den Wald hinein. Vorbei an den Tennisplätzen macht der Waldweg eine Linksbiegung, etwa 100 Meter weiter führt ein Trampelpfad rechts hoch zur Halde.

Einhundert Höhenmeter sind zu überwinden und schmale Pfade schlängeln sich steil nach oben. Wer den Aufstieg zur Plattform mit dem Halden-Kreuz geschafft hat, wird mit einem wunderbaren Panoramablick weit über das Köllertal hinaus belohnt. Vorsicht, falls der Hund frei mitläuft: Oben auf dem Plateau liegen häufig Glasscherben. Leider wird dort immer wieder gerne gefeiert und Flaschen bzw. Scherben bleiben als „Andenken" oben liegen.

Auf demselben Weg wie hinauf geht es zurück zum Ausgangspunkt. Vorsicht auf dem steilen Schotterpfad nach unten, falls der Hund noch etwas ungestüm an der Leine mitläuft: Hier kann es, Sommer wie Winter, schon mal rutschig sein.

Tipp: *Auch an dieser Stelle nochmal der Hinweis auf den Haldenrundweg (s.S. 56) für alle, die Lust auf weitere Halden-Wege und bergbaugeschichtliche Erkundungswege bekommen haben.*

Einkehrtipps:

Im Sommer empfehle ich einen Abstecher zur Fischerhütte des Angelsportvereins Püttlingen. Sie befindet sich zwar nicht direkt an der Strecke, ist jedoch mit dem Auto schnell erreichbar. Die Weiheranlage ist sehr gepflegt und die Fischerhütte hat einen attraktiven überdachten Außenbereich, der im Sommer voller Weintrauben hängt. Auf der Karte stehen kleine Gerichte, wie z.B. Flammkuchen oder meine obligatorische Portion Pommes, an der ich leider nie vorbeikomme, wenn ich dort bin. Drinnen wie draußen ist man hier mit Hund ein gern gesehener Gast.

Tour-Bewertung:

Es handelt sich um eine Kurz-Tour mit schöner Fernsicht, eben etwas „für zwischendurch". Sie führt steil nach oben bzw. nach unten, daher könnte es mit Hunden, die nicht frei mitlaufen können und eventuell noch an der Leine ziehen, vor allem abwärts anstrengend werden. Gutes Schuhwerk und Trittsicherheit beim Zweibeiner sind von Vorteil.

Wasser für den Hund sollte man dabei haben, da es unterwegs keine Erfrischungsmöglichkeiten gibt. Da die Strecke recht kurz ist, ist sie auch für Senioren-Hunde gut geeignet.

Einkehrmöglichkeiten kompakt:

Fischerhütte des ASV Püttlingen, Im Kesselfeld, 66346 Püttlingen, Tel.: 06898-66767, Öffnungszeiten: Mo-Sa: 15 bis 22 Uhr, So: 10 bis 22 Uhr, Ruhetag: Di

Weitere nützliche Adressen:

Ministerium für Umwelt und Verbraucherschutz, Keplerstraße 18, 66117 Saarbrücken, die Haldenrundweg-Broschüre kann unter der Tel.: 0681-5014246 bestellt oder unter www.saarland.de/dokumente/thema_stadt_und_land/SKW_Haldenrundwegbroschuere(1).pdf heruntergeladen werden.

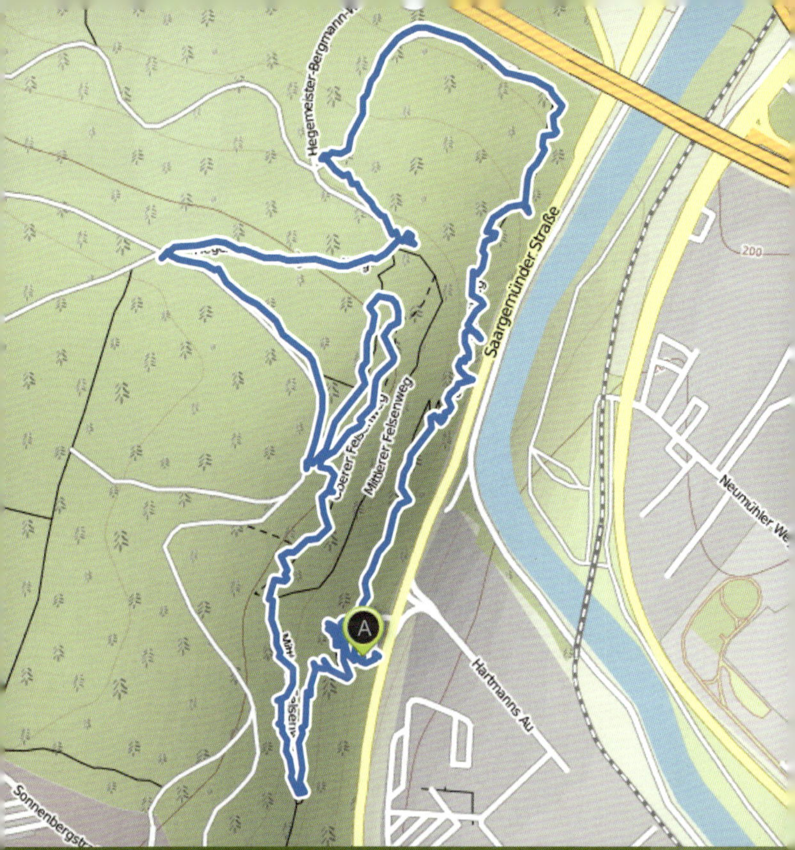

Regionalverband Saarbrücken

Felsenweg Saarbrücken

06

Strecken-Länge	*3,95 km*
Dauer	*1 Stunde*
Schwierigkeitsgrad	
Wasserstellen unterwegs	*nein*
Leinenführigkeit	*erforderlich*
Bodenbeschaffenheit	*Waldwege, geteerter Weg*
Überquerung von Straßen	*nein*
Trittsicherheit	*erforderlich bei Hund und Mensch*
Für fitte Senioren-Hunde	*bedingt*
Einkehr an der Strecke	*nein*
Strecken-Bewertung	

Start: Einstieg unterer Weg: 66119 Saarbrücken, Großblittersdorfer Straße, kleiner Parkplatz auf der rechten Seite (gegenüber Peugeot Deutschland)

Vorab ein wichtiger Hinweis: Da die Saarbrücker Felsenwege regelmäßig wegen Wartungsarbeiten gesperrt werden, sollte man sich vor dem Start auf der Internetseite der Landeshauptstadt Saarbrücken (unter Tourismus/Radfahren und Wandern/ Wandern/ Wanderrouten in der Region) über die aktuelle Situation informieren.

Die Felsenwege – unterer, mittlerer und oberer Felsenweg – im Saarbrücker Stiftswald gehören zu den Naturdenkmälern und eine Schautafel verspricht, dass man dort „in eine Zeit versetzt wird, in der es noch keine Menschen auf der Erde gab – vor 240 Millionen Jahren". Da eine forstwirtschaftliche Nutzung bereits vor Jahrzehnten eingestellt wurde, konnten sich ungestört eine urwaldähnliche Vegetation sowie zahlreiche Biotope mit seltenen Tier- und Pflanzenarten entwickeln. Viele Info-Tafeln vermitteln in deutscher sowie französischer Sprache Wissen über Geologie, Pflanzen- und Tierwelt. Die Tour ist laut offizieller Wegbeschreibung 2,5 Kilometer lang, zudem sind 130 Höhenmeter zu überwinden.

Mitte Juli erkunde ich die Felsenwege mit sechs Begleitern und sieben Vierbeinern. Ein Weg führt uns vom kleinen Parkplatz an der Großblittersdorfer Straße bergauf zum Start des „Unteren Felsenweges". Tatsächlich nimmt uns gleich am Anfang eine interessante, efeubehangene Gesteinsformation mit auf die versprochene Zeitreise. Wenig später weist uns ein Schild auf eine Fledermaus-Behausung hin, an der wir gerade vorbeilaufen. Vier Fledermausarten sind im Stiftswald heimisch geworden: das braune Langohr, das große Mausohr, die Wasserfledermaus und die Bartfledermaus.

Wir marschieren steil bergauf und schauen uns fasziniert die weiteren Fels- und Gesteinsformationen an. Überall wuchert Efeu, der Weg wirkt verwunschen. Wir laufen überwiegend auf sehr schmalen Pfaden mit vielen Stufen und kleinen Holzbrücken. An diesem 30° heißen Juli-Donnerstag geraten wir auf den zu bewältigenden 130 Höhenmetern ziemlich ins Schwitzen.

Als wir endlich oben angelangt sind, erschwert uns die fehlende Beschilderung die Orientierung. Daher kommen unsere Handys zum Einsatz und die Karte der Wander-App zeigt uns unseren aktuellen Standort an. Wir entscheiden uns, eine Waldschleife in Richtung St. Arnual zu laufen und gelangen zum Keltenstein. Anschließend folgen wir dem asphaltierten Hegemeister-Bergmann-Weg bergab bis zum Einstieg in den unteren Felsenweg. Einige Streckenabschnitte des unteren Felsenweges erscheinen uns sehr abenteuerlich, hier ist wohl schon länger niemand mehr gelaufen, daher würde ich eher dazu raten, am Hegemeister-Bergmann-Weg etwas oberhalb wieder in den Mittleren Felsenweg einzusteigen.

Etwa eine Stunde sind wir unterwegs, als wir den Wald verlassen und auf einen breiteren Weg oberhalb des Parkplatzes stoßen. Es sind nur noch wenige Meter zurück zu den Autos und wir entscheiden uns, den Abend noch in einem der naheliegenden Biergärten ausklingen zu lassen.

Einkehrtipps für eine anschließende Biergarten-Tour:

Direkt am Saarbrücker Felsenweg liegen keine Einkehrmöglichkeiten, jedoch bieten sich gleich mehrere Biergärten und Restaurants in St. Arnual und Güdingen an, die mit dem Auto schnell zu erreichen sind:

Wirtshaus Unter der Linde, St. Arnual

Der Biergarten des Wirtshauses befindet sich am Markplatz in St. Arnual. Dort, in unmittelbarer Nähe zur Stiftskirche, herrscht eine besondere Atmosphäre. An lauen Sommerabenden ist es ein wunderbarer Ort, um die Seele baumeln lassen. Und für das leibliche Wohl gibt es viele frisch zubereitete regionale Spezialitäten mit französischem Einschlag. Nicht nur im Biergarten, auch im Restaurant sind Hunde herzlich willkommen.

Wirtshaus Zur Wilden Ente, Güdingen

Das Wirtshaus liegt direkt an der Saar und verfügt über einen schönen und vor allem sehr großen Biergarten. Dass Hunde hier sehr willkommen sind, zeigt sich u.a. in der Mitte des Biergartens, wo sich ein Wasserhahn mit diversen Hunde-Näpfen befindet. Die Vierbeiner dürfen auch mit ins Restaurant genommen werden. Auf der umfangreichen Speisekarte findet man alles, was das „hungrige" Herz begehrt.

Café Zucker und Zimt, St. Arnual

Ruth und Girgis Harfi haben 2008 das Café Zucker und Zimt eröffnet. Seitdem kann man dort in gemütlichem Ambiente Kaffee und Kuchen sowie Falafel-, Tajine- oder Couscous-Spezialitäten genießen. Im Restaurant sind Hunde willkommene Gäste, zudem gibt es im Sommer einige lauschige Außenplätze.

Tour-Bewertung:

Die Begehung des Saarbrücker Felsenweges lohnt auf jeden Fall. Interessante Gesteins- und Felsformationen inmitten verwunschen wirkender Natur bieten einen wunderbaren Rahmen für eine Kurz-Tour.

Ein Handy mit GPS bzw. Navi-Funktion ist hilfreich, solange die Ausschilderung noch nicht eindeutig ist. Vorsicht bei den Geländern am Weg, manche sind schon etwas in die Jahre gekommen. Aktuell (Stand August 2015) sind Sanierungsarbeiten im Gange, daher werden die Mängel hoffentlich bald behoben sein. Gutes Schuhwerk und Trittsicherheit bei Mensch und Hund sind unbedingt erforderlich. Leinenführigkeit ebenfalls, denn die Wege sind mitunter sehr steil. Daher sind sie für alte Hunde u.U. auch zu anstrengend. Unterwegs gibt es keine Erfrischungsmöglichkeiten, Wasser für den Vierbeiner sollte ausreichend in den Rucksack eingepackt werden.

Einkehrmöglichkeiten kompakt:

Wirtshaus Zur Wilden Ente, Saarstraße 15, 66130 Saarbrücken, Tel.: 0681-872171, www.wilde-ente.de, Öffnungszeiten: täglich ab 11 Uhr, Küche durchgehend von 11.30 bis 22 Uhr

Unter der Linde - Wirtshaus - St. Arnual, St. Arnualer Markt 8, 66119 Saarbrücken, Tel.: 0681-95906699, www.linde1933.de, Öffnungszeiten: Mo bis Sa ab 11.45 bis 22 Uhr, von 14 bis 18 Uhr keine Küche, Ruhetag: So

Café Zucker und Zimt, Brühlstraße 31 (Ecke Arnulfstraße), 66119 Saarbrücken, Tel.: 0681-9850247, www.cafe-zucker-undzimt.de, Öffnungszeiten: Do, Fr und Sa 15 bis 22 Uhr, So 13 bis 19 Uhr

Weitere nützliche Adressen:

Tourist Information im Rathaus, Rathaus St. Johann / Haupteingang, Rathausplatz 1, 66111 Saarbrücken, Tel.: 0681-95909200, www.die-region-saarbruecken.de, Öffnungszeiten: Mo bis Fr von 9 bis 18 Uhr, Sa von 10 bis 16.30 Uhr

Tourist-Info im Saarbrücker Schloss,
Schlossplatz 1-19, 66119 Saarbrücken, Tel.: 0681-5066051, www.regionalverband-saarbruecken.de, Öffnungszeiten: Mo bis Fr von 9 bis 17 Uhr, Sa und So von 10 bis 18 Uhr

S

KELTENSTEIN

S
Oberer
Felsenweg

Rotfelsbach
Unterer
Felsenweg

Regionalverband Saarbrücken

Ensheimer Brunnenweg

inkl. Abstecher zur Dorndorf-Hütte

07

Strecken-Länge	*19,5 km*
Dauer	*6 Stunden*
Schwierigkeitsgrad	
Wasserstellen unterwegs	*ja*
Leinenführigkeit	*keine besondere Anforderung*
Bodenbeschaffenheit	*Wald,- Schotter- und asphaltierte Wege*
Überquerung von Straßen	*nein (Brunnenweg), ja (mit Abstecher)*
Trittsicherheit	*keine besondere Anforderung*
Für fitte Senioren-Hunde	*nur der Brunnenweg*
Einkehr an der Strecke	*Brunnenweg (nein), mit Erweiterung (ja)*
Strecken-Bewertung	

Start: Wanderparkplatz „Ensheimer Gelösch" im Wogbachtal, 66131 Saarbrücken-Ensheim. Am Ende der Balthasar-Goldstein-Straße, am Flughafen Ensheim, führt eine Straße rechts ab hinunter zum Parkplatz.

Der Ensheimer Brunnenweg im Wogbachtal ist nicht nur ein Wandergenuss für Brunnenfreunde: Entlang des wunderbar schattigen Waldweges im Ensheimer Gelösch befinden sich zahlreiche Brunnen, Bachläufe, Teiche, Tümpel und etliche Weiher. Die Tour kann als 10- oder 15,3-Kilometer-Variante (Mühlentalschleife) gewandert werden – oder, wie in unserem Falle, durch den Abstecher zur Dorndorf-Hütte auf 19 Kilometer ausgedehnt werden.

Am Wanderparkplatz „Ensheimer Gelösch" geht es los. Parkplätze gibt es dort genügend. Es ist August, mit 9 Zweibeinern und insgesamt 10 Hunden machen wir uns auf den Weg. Eine Info-Tafel am Parkplatz gibt uns Auskunft über die Entstehung des Weges: Die „Freunde der Brunnen im Ensheimer Tal" waren nicht nur Ideengeber für diesen Wanderweg, sie haben auch die am Weg befindlichen Brunnenanlagen mit viel Liebe in ehrenamtlicher Arbeit neu errichtet oder die bestehenden Anlagen restauriert. 12 sind es an der Zahl, 8 davon entstanden bereits in den Jahren zwischen 1912 bis 1934.

Vom Parkplatz aus verläuft die Strecke ein kurzes Stück über die Straße „Wogbachtal". Zwischen zwei ehemaligen Ausflugsgaststätten führt der Weg rechts in den Wald. Der Anstieg gleich zu Beginn hat es in sich. Der schmale Pfad schlängelt sich recht steil bergauf, vorbei an einer Felsformation. Wer verschnaufen muss, findet oben auf der Anhöhe einen ersten schönen Rastplatz. Von hier aus geht es auf einem breiten Forstweg weiter. Nach ca. 1,7 Kilometer erreichen wir den Jaukwefa-Brunnen. Er verdankt seinen Namen den 8 Sängern des MGV-Liederkranz Ensheim, die ihn 1922 erbaut haben. Weiter geht es, durch das Naturschutzgebiet Rheinfels, zumeist auf befestigten Wegen bis zum Felsenbrunnen, hinter uns liegt nun eine Wegstrecke von ca. 5 Kilometern. Wir nutzen die am Felsenbrunnen aufgestellten Sitzbänke für eine erste gemütliche Pause. Der dichte Wald spendet Schatten und unsere Hunde können sich am Brunnen erfrischen. Der Markierung weiter folgend, erreichen wir einige Zeit später einen kleinen Weiher und den dahinter befindlichen Luitpold-Brunnen. Er wurde erst im Jahre 2000 an dieser Stelle wiedererrichtet, als ihn die „Freunde der Brunnen im Ensheimer Tal" nach einer alten Fotovorlage rekonstruieren ließen.

Während sich unsere Hunde im Weiher abkühlen, verweilen wir auf den neben dem Brunnen aufgestellten Sitzbänken. Es ist ein ruhiger Ort zum Innehalten, Sonnenstrahlen glitzern auf der Wasseroberfläche des Weihers. Nur das Plätschern des Brunnens ist zu hören! Ein schmaler Naturpfad führt uns von hier aus an einem zweiten Weiher vorbei. Eine kleine idyllisch gelegene Jagdhütte fällt sofort am gegenüberliegenden Ufer auf. Gerade mal einen halben Kilometer weiter findet sich schon der nächste Brunnen: der Eva-Brunnen. Zwei weitere folgen auf dem nächsten Strecken-Abschnitt: der Franz-Wieber- und der Frieda-Ruhe-Brunnen. Nach 7,8 Kilometern passieren wir zwei weitere Weiher, jedoch nur für ein kurzes Stück, denn wir folgen der etwa 2 km langen Waldschleife, die uns am Ensheimer Brunnen vorbeiführt, der sich etwas versteckt unterhalb des Weges zusammen mit einem kleinen Biotop befindet.

Über einen schmalen, mit Pappel-Blüten übersäten Waldweg geht es weiter. Während wir uns bewegen, wirbeln die extrem flugfähigen wattebauschartigen Blüten auf. Sie kitzeln in der Nase, unsere Hunde niesen und wir auch. Vor allem die mit-wandernden Allergiker leiden ziemlich. Noch schnell ein Erinnerungsfoto von Collie Larry, der inmitten der tanzenden Blüten aussieht, als würde er in einem Schnee-Gestöber stehen.

Wenig später stoßen wir noch einmal auf die beiden Weiher, dieses Mal von der gegenüberliegenden Seite. Traumhaft schön ist es hier. Die Weiher schmiegen sich perfekt in die grüne Wald-Landschaft ein, die sie umsäumt. Eine am Ufer befindliche Schau-Tafel klärt über die hier anzutreffenden Fischarten auf. Wir gönnen unseren Hunden eine Schwimmrunde und uns ein kleines Päuschen. Der Brunnenweg verläuft nun für eine Weile parallel zum Wogbach. Ein breiter, schattiger Waldpfad bringt uns zurück in die Nähe des Startpunktes. Hier kann der Brunnenweg nun (nach ca. 10 Kilometern) enden oder um weitere 5 Kilometer ausgedehnt werden. In diesem Fall folgt man der

Route in Richtung Herrmann-Kahlenbach-Platz und von dort aus wieder zum Ausgangspunkt.

Wir entscheiden uns, einen Abstecher zur Dorndorf-Hütte zu machen. Wir folgen der Beschilderung in Richtung Heimkehrer-Hütte. Anschließend zieht sich die Strecke ein wenig bergauf, bis wir oben an der Abzweigung zum Ehrenfriedhof (Gedenkstätte für 56 im Zweiten Weltkrieg gefallene Soldaten) ankommen. Nach 12,6 gelaufenen Wander-Kilometern verlassen wir den schattigen Wald und laufen vorbei an Feldern und Wiesen bergab in Richtung der bewirtschafteten Dorndorf-Hütte. Die Mittagspause dort haben wir uns verdient! Unsere Hunde ruhen sich aus, während wir Süßes oder Deftiges aus dem Angebot der Hütten-Küche probieren.

Nach der ausgedehnten Rast folgen wir dem Weg, der direkt links unterhalb der Dorndorf-Hütte wieder bergab führt. Durch das saftig grüne Tiefeltstal, parallel zum Tiefeltsbach, laufen wir teilweise auf Schotterwegen, teils auf asphaltierten Wegen. Nach ca. 15 Kilometern verlaufen wir uns. Hier bitte auf das Schild „Russen-Denkmal" achten und dem Weg in diese Richtung folgen. Der geteerte Weg geht in einen schmalen Waldpfad über, der steil nach unten führt. Achtung: Hier ist Trittsicherheit und Vorsicht mit ungestümen Hunden angesagt. Unten angekommen mündet der Pfad wieder auf einen asphaltierten Weg. Nach ca. 16,5 Kilometern gelangen wir an eine Abzweigung. Nach links geht es jetzt wieder ins Wogbachtal,

dem Schild „Thalmühle" folgend. Bis zur Thalmühle folgen wir dem asphaltierten Weg. Zwischen den Gebäuden geht es weiter durch das Wogbachtal.
In der Thalmühle ist der Verein zur Pflege von Erde und Mensch Karcherhof & Thalmühle e.V. untergebracht. Der Hof-Komplex liegt sehr idyllisch im Grünen, abseits jeglichen städtischen Trubels. Im Durchgang zwischen den beiden Gebäuden gibt es einen klitzekleinen Hofladen. Wir nutzen die Gelegenheit und kaufen dort Eier aus Freilandhaltung ein. Ab hier geht es nochmal auf Schotterwegen weiter. Wir passieren einige weitere Brunnen und stoßen in dem dichten Waldgebiet auf unserem letzten Kilometer zurück auf den Brunnenweg. Wir nähern uns dem Wanderparkplatz, unserem Ausgangspunkt, und steigen dann nach insgesamt 7,5 Stunden (inkl. Verlaufen) in unsere Autos.

Einkehrtipps:

Dorndorf-Hütte

Die Dorndorf-Hütte des Saarwald-Verein e. V. Bischmisheim befindet sich im Wischbachtal bei Bischmisheim. Sie ist sonntags sowie an einigen Feiertagen von 10 bis 18 Uhr geöffnet. Verschiedene Kuchen stehen zur Auswahl sowie kleinere deftige Speisen, wie z. B. Wiener Würstchen, die Wurstplatte oder Erbsensuppe. Draußen wie drinnen sitzt es sich sehr gemütlich. Eine Hunde-Tränke mit frischem Wasser für die Vierbeiner steht vor der Eingangstür bereit.

Tour-Bewertung:

Erster Abschnitt: Ensheimer Brunnenweg

Der Ensheimer Brunnenweg verläuft über lange schattige Waldpassagen, daher ist er auch an wärmeren Sommertagen gut zu wandern. Vor allem die 10 km-Variante dürfte für fitte Hundesenioren gut zu bewältigen sein. Durch die Brunnen, Bachläufe und einige Weiher stehen ausreichend Abkühlungs- und Erfrischungsmöglichkeiten entlang der Strecke zur Verfügung. Außer zu Beginn hält die Tour keine nennenswerten Steigungen bereit. Aufgrund der Gesamtlänge von 15,3 Kilometern ist der Brunnenweg dennoch vom Schwierigkeitsgrad als mittel einzustufen. Eine gewisse Kondition sollte vorhanden sein.

Zweiter Abschnitt: Abstecher zur Dorndorf-Hütte

Falls ein Abstecher zur Dorndorf-Hütte eingeplant wird, kann die Wanderstrecke durchaus, aufgrund der Länge von 19,5 Kilometer, als anspruchsvoll eingestuft werden (Nutzen Sie die komoot-App mit meinen Tourenvorschlägen als Orientierungshilfe, da es sich bei der Streckenerweiterung nicht um eine offiziell ausgeschilderte Route handelt). Der Weg hoch zur Heimkehrer-Hütte bzw. zum Ehrenfriedhof zieht sich. Auf dem Abstieg hinunter zum Russen-Denkmal bzw. von dort aus ins Tal ist nur einmal (auf der gesamten Strecke) ein wenig Trittsicherheit beim Zwei- bzw. Vierbeiner gefragt, da er recht steil ist.

Einkehrmöglichkeiten kompakt:

Dorndorf-Hütte, Saarwald-Verein e. V., 66132 Saarbrücken-Bischmisheim, Tel.: 0681-897411, Öffnungszeiten: Sonntags von 10 bis 18 Uhr

Weitere nützliche Adressen:

Tourist Information im Rathaus, Rathaus St. Johann / Haupteingang, Rathausplatz 1, 66111 Saarbrücken, Tel.: 0681-95909200, www.die-region-saarbruecken.de, Öffnungszeiten: Mo bis Fr von 9 bis 18 Uhr, Sa von 10 bis 16.30 Uhr

Tourist-Info im Saarbrücker Schloss,
Schlossplatz 1-19, 66119 Saarbrücken, Tel.: 0681-5066051, www.regionalverband-saarbruecken.de, Öffnungszeiten: Mo bis Fr von 9 bis 17 Uhr, Sa und So von 10 bis 18 Uhr

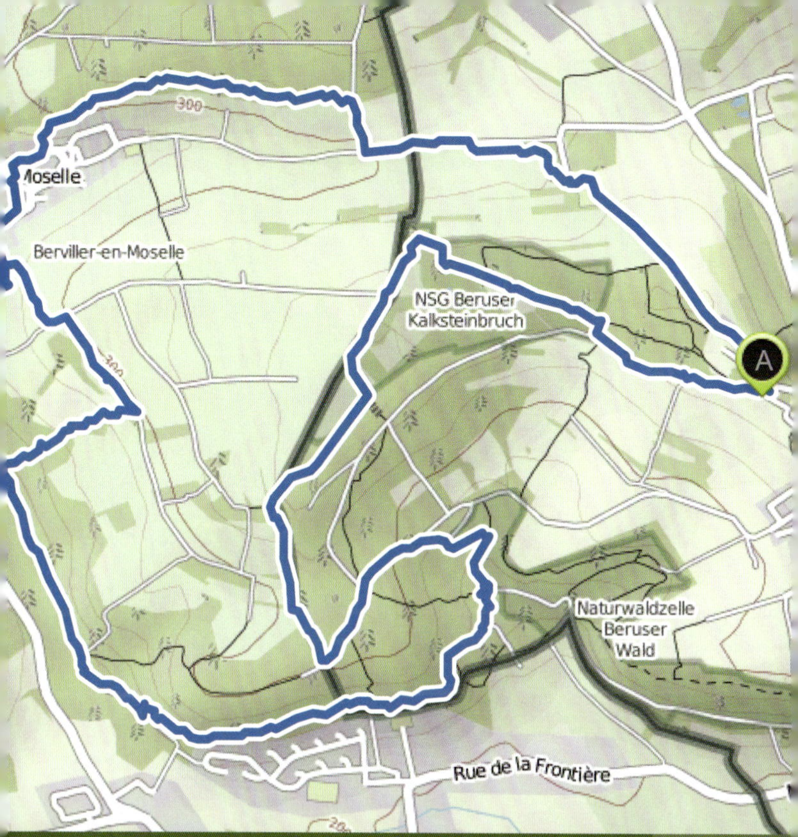

Landkreis Saarlouis

Beruser Tafeltour

08

Strecken-Länge	*14 km*
Dauer	*4 Stunden*
Schwierigkeitsgrad	🐾 (1 von 3)
Wasserstellen unterwegs	*ja*
Leinenführigkeit	*keine besondere Anforderung*
Bodenbeschaffenheit	*Wald-, Wiese und Schotterwege, Asphalt*
Überquerung von Straßen	*ja*
Trittsicherheit	*keine besondere Anforderung*
Für fitte Senioren-Hunde	*ja*
Einkehr an der Strecke	*ja*
Strecken-Bewertung	🦴🦴🦴🦴½

Start: Parkplatz am Europa-Denkmal, 66802 Berus, Orannastraße

„Grenzüberschreitend wandern" heißt es auf der Beruser Tafeltour, die immer wieder mit grandiosen Ausblicken glänzt. Das Europa-Denkmal, das Naturschutzgebiet Kalksteinbruch oder auch die die Oranna-Kapelle sind nur einige der vielen Highlights dieser Tour, für die man auf jeden Fall etwas mehr Zeit einplanen sollte.

Los geht es an einem der höchsten Punkte der Region, am Europa-Denkmal in Berus. Dort gibt es genügend Parkplätze, daher ein optimaler Startpunkt auch für größere Hunde-Wandergruppen. Sinnesbänke sind hier perfekt positioniert, um innezuhalten und entweder zu Beginn oder am Ende der Tour die weite Aussicht über das Saartal und die Täler und Wälder Lothringens zu genießen.

Das Europa-Denkmal wurde 1970 nach einer vierjährigen Bauphase eingeweiht und ist seitdem zu einem zentralen Ort europäischer Begegnung und Symbol der Aussöhnung von Deutschland und Frankreich geworden. Der ehemalige saarländische Finanzminister Helmut Bulle hatte die Idee dazu, entworfen wurde es von Dipl.-Ing. Gerald Motsch. Die beiden parallel ausgerichteten, achtzehn Meter hohen Stahlbetonscheiben sollen die beiden Nationen Frankreich und Deutschland als Grundpfeiler der europäischen Einigung symbolisieren. Neben der Oranna-Kapelle ist das Europa-Denkmal heute eines der Wahrzeichen der Gemeinde Berus.

Vom Aussichtspunkt führt der Weg ein kleines Stück den Berg hinunter zum Start-Tor. Ab hier beginnt der 14 km lange Rundwanderweg, den wir mit insgesamt 10 Zwei- und 11 Vierbeinern an einem ziemlich schwülen Mai-Sonntag testen. Auf urwaldähnlichen Pfaden geht es zum ehemaligen Kalksteinbruch der Firma Röchling, heute befindet sich dort ein Naturschutzgebiet. An einigen Info-Tafeln bleiben wir stehen, auf denen Wissenswertes über die Geschichte des Kalksteinbruchs nachzulesen ist. Entlang blühender Wiesen und beindruckend erscheinender Windräder wandern wir in Richtung „Lothringer Kreuz", das an die Intensivierung der Freundschaft zwischen Deutschland und Frankreich erinnern soll. Wanderer werden hier aufgefordert, ähnlich wie Jakobspilger, Steine zu sammeln und als Zeichen der deutsch-französischen Freundschaft am Fuße des Kreuzes niederzulegen. Verfolgt von neugierigen Hundeaugen legen auch wir einige Steine hin, die intensiv beschnuppert werden.

Noch einmal genießen wir eine malerische Wiesenlandschaft, bevor wir einen schmalen Eingang am Waldrand erreichen. Auf verwunschenen, kühlen Waldpfaden, die uns und unseren Hunden aufgrund der warmen Temperaturen gerade recht kommen, laufen wir an alten Grenzsteinen vorbei. Nach knapp 3 Kilometern gelangen wir auf einen breiten Waldweg, der uns zum Wirbelfels führen wird. Während sich unsere Hunde in dem vorbeifließenden Bach abkühlen, informiert uns ein Schild über den Wirbelfels und den hier entstehenden Kalktuff. Etwas bergab befindet sich an einer Wegkreuzung ein kleiner Teich, an dem wir einige Zeit verweilen und den Vierbeinern eine Runde „Rudelschwimmen" gönnen.

Weiter geht´s nun in Richtung des französischen Ort Merten, ca. einen Kilometer auf einem schmalen Weg an einigen Gärten und dem Friedhof entlang, gefolgt von weiteren eineinhalb Kilometern bergauf quer durch den Forêt Communale de Berviller. 100 Höhenmeter sind zu bewältigen, bevor sich der Wald öffnet und wir einen befestigten Weg zwischen Streuobstwiesen erreichen, über den wir zum Restaurant „Le Chalet du Chemin", unserer ersten Einkehr, am Rande von Berviller, gelangen (siehe Einkehrtipps, S. 86).

Frisch gestärkt laufen wir eine Stunde später quer durch Berviller, vorbei an Rathaus und Kirche. Wir folgen der guten Beschilderung, überqueren die Hauptstraße, „Rue Principale", bevor es eine kleine Seitenstraße, hinter einigen wenigen Häusern vor-

bei, hoch zur Mariengrotte geht. Hundefreunde aufgepasst: Im letzten Haus wohnt eine sehr nette Katzenfreundin, mit der wir uns kurz unterhalten und deren Katzen wir bewundern. Die haben es sich in ihrem (nicht eingezäunten) Garten auf den Gartenmöbeln bequem gemacht und sehen uns tiefenentspannt zu, wie wir mit unseren (sehr katzeninteressierten) Hunden weiterziehen. Einen letzten Blick über den Ort richtend, marschieren wir bergauf in den Wald und erreichen kurze Zeit später einen Feldweg, der uns über die deutsch-französische Grenze bringen wird. Am Wegesrand fällt uns der „Stein des offenen Weges" auf mit der Inschrift „de moi à toi – à moi de toi / von mir zu dir – zu mir von dir". An dieser Stelle befand sich 1815 die Grenzlinie zwischen Frankreich und Deutschland. Die Idee für diesen hellgrauen, pfostenähnlichen Granitquader, der auch als „Heimatstein" bezeichnet wird, hatte der in Berus lebende Lyriker Gerhard Tänzer.

Wir durchqueren noch ein letztes Waldstück, bevor wir die Orannastraße erreichen, die uns auf den ersten Metern wieder mit einem wunderbaren Weitblick belohnt und uns an der St. Oranna-Kapelle sowie am Friedhof von Berus vorbeiführt. Die Wallfahrtskapelle der Heiligen Oranna ist ein recht beliebter Ausflugsort und wird täglich von vielen Menschen aufgesucht. Es ist zu lesen, dass Oranna im siebten Jahrhundert aus dem irisch-schottischen Raum an die Saar kam und fortan hier als Einsiedlerin und Missionarin diente.

Auf der Zielgeraden, kurz vor unserem Ausgangspunkt, dem Europa-Denkmal, passieren wir in der Orannastraße noch das Restaurant Margaretenhof (s. Einkehrtipp).

Einkehrtipps:

Le Chalet du Chemin

Das Restaurant „Le Chalet du Chemin" liegt direkt am Wegesrand. Leider darf man in den Innenbereich keine Hunde mitnehmen. Wir haben aber Glück mit dem Wetter, lassen uns draußen auf der Biergarten-Terrasse gemütlich nieder und genießen eine Tasse Kaffee und ein Stück „Quetsche-Kuchen" (für die Nicht-Saarländer: Pflaumen-Kuchen). „Gemütlich" ist ein gutes Stichwort, denn Patron Saied Labiadh lässt sich nicht hetzen und serviert die Bestellungen gelassen. Sollte hier ein Mittagessen eingeplant sein, würde ich auf jeden Fall zu einer vorherigen Reservierung raten. Als Zwischenstopp auf der Tour ist der Biergarten sicherlich optimal, um sich mit einem kühlen Getränk oder mit Kaffee und Kuchen zu stärken. Französische Lebensart und den einen oder anderen flotten Spruch gibt es vom Chef gratis mit dazu.

Margaretenhof

Der Margaretenhof liegt perfekt am Ende der Beruser Tafeltour, oberhalb des Europa-Denkmals bzw. zu den Parkplätzen am Ausgangspunkt. Wir haben jedoch nicht reserviert und das Restaurant und die Terrasse sind proppenvoll. Zudem scheint noch eine Privatfeier im Gange zu sein und wir entscheiden uns, mit so vielen Hunden lieber nicht unangemeldet reinzuplatzen. Ich frage aber später telefonisch nach und erhalte vom Inhaber, Christoph Schneider, die Info, dass gut erzogene Hunde sowohl im Hotel als auch im Restaurant herzlich willkommen sind. Der Margaretenhof verfügt über einen Biergarten, dort kann man im Sommer im Freien schlemmen und den herrlichen Blick über das Saartal genießen. Für Gruppen mit mehreren Hunden empfiehlt er, ca. ein bis zwei Wochen vorab zu reservieren.

Zu Bauer Ehl auf's Feld

Unser kulinarisches Ziel führt uns an diesem Mai-Sonntag zu Bauer Ehl auf's Feld. Jedes Jahr zu Spargel- und Erdbeerzeit heißt es „Auf in's Festzelt zu Bauer Ehl", erzählt uns eine Mitwanderin und sofort ist das Interesse der Gruppe geweckt. Wir fragen uns, ob das mit so vielen Hunden und vor allem ohne Reservierung gutgeht, denn alle haben mittlerweile mächtig Hunger. Wir fahren mit dem Auto in Richtung Altforweiler, das Festzelt befindet sich auf der grünen Wiese an der B269 (Abfahrt Häsfeld) zwischen Altforweiler und Neuforweiler. Ein großer gelber LKW-Anhänger mit Aufschrift ist von weitem bereits bestens zu sehen, genauso wie die große Anzahl von Autos, die auf dem Feld rund um das Zelt parken. Mein Magen knurrt und ich hoffe, dass wir mit den Hunden einen Platz finden, da es zu warm ist, sie im Auto zu lassen. Erfreut sehen wir am Eingang eine Wasserschüssel für Hunde und fragen höflich nach, ob wir einen Platz bekommen könnten. „Kein Problem“ ist die Antwort und wir haben Glück, denn im Außenbereich sind noch zwei Tische frei. Alle Spargel-Gerichte sind sehr lecker und zum Abschluss gönnen wir uns natürlich auch noch einen Shake aus frischen Erdbeeren. Glücklich und zufrieden nach der schönen Wandertour und dem leckeren Essen machen wir uns auf den Heimweg.

Einkehrmöglichkeiten kompakt:

Margaretenhof, Margaretenhof 1 , 66802 Überherrn-Berus, Tel.: 06836-2010, www.margaretenhof-berus.de, Öffnungszeiten: Mo bis Sa von 15 bis 24 Uhr, So von 11 bis 24 Uhr, Ruhetag: Do, (s. auch Übernachtungstipps Seite 287)

Le Chalet du Chemin, chemin de la carrière, F-57550-Berviller, Tel.: 0033 3 87 63 97 03, www.lechalet-du-chemin-et-sa-roulotte-berviller.com, Öffnungszeiten: Mi bis So ab 14.30 Uhr

Bauer Ehl: Auf der Internetseite www.bauerehl.de ist zu erfahren, wann genau das Zelt in der Spargel- und Erdbeersaison (Mai/ Juni bzw. August/ September) geöffnet ist. Es befindet sich auf der „grünen Wiese“ an der B269 (Abfahrt Häsfeld) zwischen Altforweiler und Neuforweiler.

Tour-Bewertung:

Die Beruser Tafeltour ist eine leichte, abwechslungsreiche Tour entlang der deutsch-französischen Grenze durch eine herrliche Natur, mit wunderbaren Ausblicken und vielen Highlights, wie z. B. das Europa-Denkmal oder die Oranna-Kapelle. Französische Lebensart gibt es nicht nur live bei der Einkehr im „Le Chalet du Chemin", sondern auch im Ort Berviller-en-Moselle, der zu durchqueren ist.

Schattig kühle Waldwege bzw. sonnige Feld- und Wiesenpassagen wechseln ab, sodass die Strecke auch an wärmeren Tagen gut machbar ist. Sie stellt keine größeren Anforderungen an Mensch und Hund.

Es gibt nur wenige Erfrischungsmöglichkeiten für Vierbeiner entlang der Strecke, daher sollte, vor allem in den Sommermonaten, genügend Wasser im Rucksack mitgeführt werden.

Weitere nützliche Adressen:

Tourist-Information, Großer Markt 1, 66740 Saarlouis, Tel.: 06831-443-263, Öffnungszeiten Mo bis Do von 9 bis 12.30 Uhr und von 13.30 bis 17 Uhr, Fr von 9 bis 12 Uhr, in den Sommermonaten auch Sa 10 bis 15 Uhr

Gemeinde Überherrn: Unter www.ueberherrn.de gibt es viele weitere regionale Informationen.

Die Beruser Tafeltour gehört zu den Traumschleifen Saar-Hunsrück, Infos gibt es daher auch unter www.saar-hunsrueck-steig.de oder direkt beim:

Projektbüro Saar-Hunsrück-Steig, Zum Stausee 198, 66679 Losheim am See, Tel.: 06872-9018100, Öffnungszeiten: November bis März: Mo bis Fr von 8.30 bis 16.30 Uhr, Sa, So und Feiertag von 11 bis 15 Uhr, April bis Oktober: Mo bis Fr von 8.30 bis 17 Uhr, Sa, So und Feiertag von 10 bis 16 Uhr

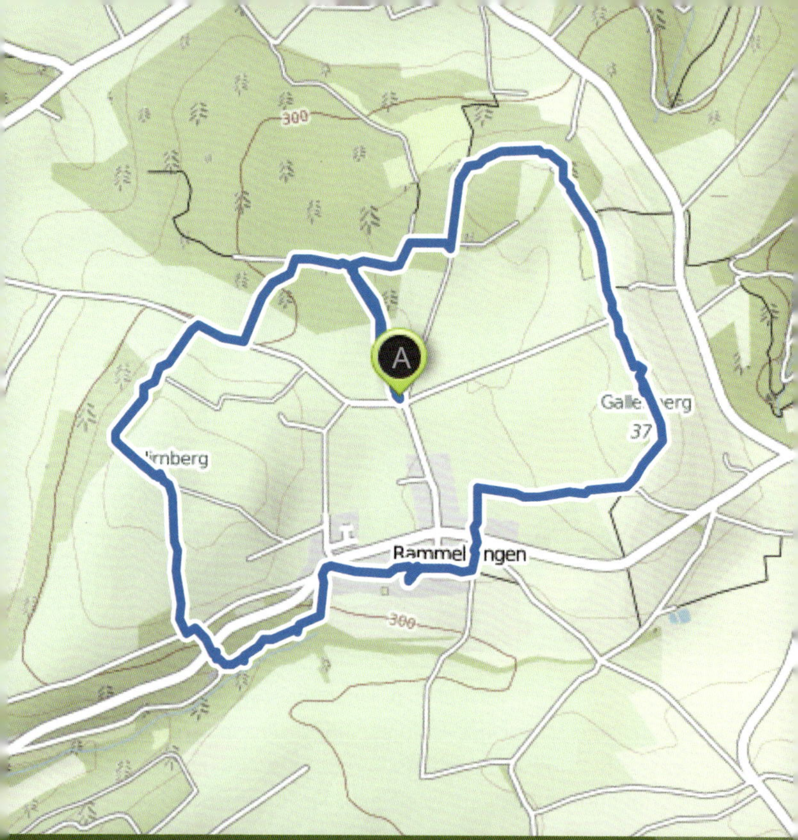

Landkreis Saarlouis

Hirn-Gallenberg-Tour

09

Strecken-Länge	*8 km*
Dauer	*2,5 - 3 Stunden*
Schwierigkeitsgrad	
Wasserstellen unterwegs	*ja*
Leinenführigkeit	*von Vorteil*
Bodenbeschaffenheit	*Wald- und Wiesenwege, Asphalt*
Überquerung von Straßen	*ja*
Trittsicherheit	*von Vorteil*
Für fitte Senioren-Hunde	*ja*
Einkehr an der Strecke	*nein*
Strecken-Bewertung	

Start: Wanderparkplatz an den 4 Kaiserlinden, 66798 Wallerfangen-Rammelfangen, Waldstraße

Die Wanderung rund um den Hirn- und den Gallenberg verspricht eine Mixtur aus Naturerlebnis, grenzüberschreitenden Fernsichten und kulturhistorischen Sehenswürdigkeiten. Diese Tour gehört zu den Traumschleifen Saar-Hunsrück und trägt zu Recht den Zusatz „Panoramaweg". Vom Deutschen Wanderinstitut wurde sie mit 71 Erlebnispunkten ausgezeichnet.

Wir starten am Wanderparkplatz an den 4 Kaiserlinden, dort stehen ausreichend Parkplätze auch für größere Hunde-Wandergruppen zur Verfügung. Mit 8 Zwei- und 9 Vierbeinern sind wir an diesem recht kühlen März-Tag unterwegs. Bergab laufen wir hinein in einen schönen Laubmischwald, der für Wissbegierige einiges zu bieten hat, denn an vielen Stellen wird man auf Info-Tafeln über die reichhaltige Tier- und Pflanzenwelt informiert.
Etwas mehr als einen halben Kilometer führt uns der Weg durch diesen Wald, bevor wir ihn über eine kleine Holzbrücke verlassen und über Feldwege weiter zum Hirnberg laufen. Kurze Zeit später erreichen wir dort den hölzernen Aussichtsturm. Ein

grandioser, weit über die Grenzen reichender Ausblick erwartet die Wanderer oben, dazu erleichtern fünf Panoramakarten die geographische Orientierung. Ganz nebenbei bietet die Aussichtsplattform eine gute Möglichkeit, Trittsicherheit mit den Hunden zu üben. Ein eisiger Wind hält uns an diesem Tag jedoch davon ab, etwas länger dort zu verweilen.

Weiter geht es nun auf Wiesenpfaden, ca. 600 Meter hinunter zum Alten Ihner Weg. Unsere Hunde zeigen an, dass es sich vor allem im unteren Teil wohl um ein recht wildreiches Gebiet handelt oder dass kurz vorher hier ein Wildwechsel stattgefunden haben muss. Alle Hundenasen schnuppern aufgeregt. Unten angekommen zweigt der Weg links ab und ein paar neugierige Schafe beobachten uns von ihrer Koppel aus auf unserem Weg zu den ersten 110 Stufen, die entlang der Wingertsmauern hinunter ins Weinbachtal führen.

Wingertsmauern: Die alten Mauern erinnern daran, dass sich hier einmal die Rammelfanger Weinberge befunden haben. Auf einer Fläche von 6 Hektar wurde noch bis 1890 Wein auf Terrassen angebaut. 1920 wurden die Weinberge aufgrund des Reblaus- und Pilzbefalls gerodet. An die Stelle von Weinreben traten Obstbäume, die jedoch in den 1930er Jahren beim Bau der neuen Verbindungsstraße von Rammelfangen nach Ihn-Mitte weichen mussten, als große Teile der Terrassen zerstört wurden.

Die nächsten 61 Stufen in Richtung Weinbachtal liegen noch vor uns. Vorsicht ist hier angebracht, die Hunde sollten unbedingt an der Leine geführt werden, denn zwischen den beiden Treppen-Abschnitten ist die Landstraße zu überqueren. Endlich unten angekommen, freuen sich alle Hunde über die Erfrischung in kleinen Bächen und Brunnen, bevor es wieder bergauf vorbei am Rastplatz „Lampersch-Burren" und an einigen Gärten zum Ortseingang von Rammelfangen geht. Liebevoll gestaltete Info-Tafeln geben uns Auskunft über die Sehenswürdigkeiten des Ortes sowie über historische Hintergründe.

Fast vier Kilometer liegen hinter uns und wir machen Rast an der historischen Brunnenanlage in der Ortsmitte von Rammelfangen. Dort gibt es eine gepflegte Schutzhütte mit Toilette und ein Selbstbedienungs-Schnapslädchen. Hochprozentiges wie Kräuter- und Mirabellenschnaps stehen zum Probieren bereit. Entlang der Weingartstraße geht es zum Ortsende von Rammelfangen. Hier überqueren wir die Landstraße, die nach Gisingen führt, passieren einige Gärten, bevor wir auf einen Feldweg stoßen, auf dem uns die vielen mit Misteln bewucherten Bäumen auffallen. Auch Mispeln sieht man hier häufig, aus den leicht säuerlichen Früchten, im Saarländischen „Hundsärsch" genannt, wird der gleichnamige Schnaps gebrannt.

Wir befinden uns noch auf dem Streckenabschnitt entlang des ehemaligen Kalksteinbruches hinauf zum Gallenberg (auf einer Höhe von 377 Metern), wo uns wieder ein wunderbarer Panoramablick erwartet. Die Hirn-Gallenberg-Tour schlängelt sich auf der letzten Wegstrecke vorbei am Modellflugplatz über eine kleine Waldschleife zurück zum Ausgangspunkt.

Tipp: *Wer nach der Wanderung noch Lust auf Kultur hat, sollte einen Abstecher nach Gisingen in das Bauernhaus-Museum Haus Saargau mit seinem historischem Mobiliar und dem traditionellen Bauerngarten machen. Es handelt sich dabei um ein originalgetreu restauriertes Lothringer Bauernhaus aus dem 18. Jahrhundert, in dem, wie es früher üblich war, Mensch und Tier unter einem Dach zusammen lebten. Der Bauerngarten hinter dem Haus gehört zum Projekt „Gärten ohne Grenzen". Im Haus Saargau finden zahlreiche interessante Veranstaltungen statt. Den Terminkalender kann man auf der Internetseite von Gisingen herunterladen (www.gisingen.de / Menüpunkt „Service").*

Einkehrtipps:

Direkt an der Wegstrecke gibt es keine Einkehrmöglichkeiten. Mitte März befanden wir uns noch außerhalb der Wandersaison und konnten nachmittags in keinem der Restaurants in der Nähe unseren Hunger stillen. Ich habe daher später nachgefragt, wie es dort mit der Einkehr mit Hund aussieht.

Sympathie Hotel Scheidberg

Einkehr und Übernachtung mit Hund ist möglich. Für Gruppen mit mehreren Hunden gilt: Ins Restaurant können maximal 5

Hunde mitgenommen werden. Im Sommer stehen jedoch zwei Terrassen zur Verfügung, dort ist auch für Gruppen mit mehr als 5 Hunden Platz.

Hotellerie Waldesruh

Die Einkehr im Restaurant ist für Wanderer mit einem Hund kein Problem. Bei Gruppen mit mehreren Hunden bedarf es Sonderabsprachen, jedoch steht im Sommer auch ein Biergarten zur Verfügung, in dem genügend Platz für Hunde-Gruppen ist. Eine vorherige Reservierung wird empfohlen. In den drei Ferienwohnungen der Hotellerie Waldesruh kann mit Hund übernachtet werden.

Einkehrmöglichkeiten kompakt:

Hotel Scheidberg GmbH, St. Vallier Straße 1, 66798 Wallerfangen / Kerlingen, Tel.: 06837-750, www.hotel-scheidberg.de (s. auch Übernachtungstipps S. 287)

Hotellerie Waldesruh, Siersburger Str. 8, 66798 Wallerfangen-Oberlimberg, Tel.:06831-96 600, www.waldesruh-wallerfangen.de. Öffnungszeiten von Delikatessenladen und Restaurant: Di, Mi, Do, Fr, Sa von 12 bis 14 Uhr und ab 18 Uhr, So von 12 Uhr bis 14 Uhr, Ruhetag: Sonntagabend und Mo

Tour-Bewertung:

Die Hirn-Gallenberg-Tour ist eine wunderschöne Wanderstrecke, die ich sicherlich noch einmal im Spätsommer laufen werde, weil sie landschaftlich sehr reizvoll ist. Die abwechslungsreiche

Wanderung führt ab Rammelfangen über schattige Waldwege, aber auch über sonnige Feld- und Wiesenpassagen, die mit besonderen Panoramablicken locken.

Eine gute Leinenführigkeit ist auf den Stufen hinunter zum Weinbachtal, im Bereich der Wingertsmauern, sehr wichtig. Hier ist Vorsicht geboten, denn es geht nicht nur steil bergab und bei feuchter Witterung kann es ziemlich glitschig werden, es folgt auch noch die Überquerung einer Landstraße, bevor weitere 61 Stufen bergab führen. Der Hund sollte hier auf jeden Fall angeleint bleiben.

Der Aussichtsturm auf dem Hirnberg bietet Herrchen und Frauchen nicht nur einen großartigen Fernblick, sondern auch eine gute Möglichkeit, beim Hinaufsteigen Trittsicherheit mit dem Hund zu üben.

Wasserstellen gibt es unterwegs einige, wie zum Beispiel etwa nach 3 Kilometern im Weinbachtal oder am historischen Brunnen (nach ca. 3,75 km). An heißen Tagen empfehle ich allerdings etwas Wasser mitzunehmen, da der Weg nicht komplett durch den kühlen Wald, sondern häufig über sonnige Feld- und Wiesenwege verläuft. Die Wasserflaschen für die Hunde können bequem in der Toilette der Schutzhütte am Brunnen in Rammelfangen aufgefüllt werden.

Weitere nützliche Adressen:

Heimatmuseum Haus Saargau, Zum Scheidberg 11, 66798 Wallerfangen-Gisingen, Tel.: 06837- 912762, www.gisingen.de oder www.kreis-saarlouis.de, Öffnungszeiten: Mo, Di und Mi von 14 bis 17 Uhr sowie Do und Fr von 10 bis 12 Uhr, So und Feiertage von 14 bis 17 Uhr

Die Hirn-Gallenberg-Tour gehört zu den Traumschleifen Saar-Hunsrück, weitere Informationen gibt es daher auch unter www.saar-hunsrueck-steig.de oder direkt beim:

Projektbüro Saar-Hunsrück-Steig, Zum Stausee 198, 66679 Losheim am See, Tel.: 06872-9018100, Öffnungszeiten: November bis März: Mo bis Fr von 8.30 bis 16.30 Uhr, Sa, So und Feiertag von 11 bis 15 Uhr, April bis Oktober: Mo bis Fr von 8.30 bis 17 Uhr, Sa, So und Feiertag von 10 bis 16 Uhr

Landkreis Saarlouis

Druidenpfad

10

Strecken-Länge	6,7 km
Dauer	2,5 Stunden
Schwierigkeitsgrad	1 von 3 Pfoten
Wasserstellen unterwegs	ja
Leinenführigkeit	keine besondere Anforderung
Bodenbeschaffenheit	überwiegend Wald- und Feldwege
Überquerung von Straßen	nein
Trittsicherheit	keine besondere Anforderung
Für fitte Senioren-Hunde	ja
Einkehr an der Strecke	nein
Strecken-Bewertung	3 von 5 Knochen

Start: Wanderparkplatz am Höllberg, 66780 Niedaltdorf, am Ortsausgang in Richtung Neunkirchen-lès-Bouzonville

Grenznah erlebt man auf dem Druidenpfad nicht nur die wunderbare Natur des Niedtals zwischen Niedaltdorf und Neunkirchen-lès-Bouzonville, man wandert auch auf den Pfaden der Kelten. Viele archäologisch dokumentierte Hügelgräber beweisen die Existenz einer Keltensiedlung in dieser Gegend. Live erleben lässt sich deren Geschichte beim Anschauen der rekonstruierten Keltenhäuser, die sich direkt am Druidenpfad befinden. An einem schönen April-Sonntag starten wir mit 6 Zwei- und 8 Vierbeinern am Wanderparkplatz am Höllberg, der genügend Stellplätze auch für Gruppen bietet. Ein großer Stein mit der Aufschrift „Druidenpfad" zeigt uns den Startpunkt und wir laufen ein kurzes Stück einen asphaltierten Weg hinauf, der in einen Feldweg übergeht. Der Druidenpfad trägt zu Recht den Zusatz „Erlebnisweg", denn über den ganzen Weg verteilt finden sich sehr viele Info-Schilder, die Wissenswertes vermitteln, u.a. historische Details.

Wir wandern durch ein Waldstück, der Weg zweigt nun links ab und wir erfahren, dass wir uns hier „Hart an der Grenze" bewegen, was auch die Grenzsteine beweisen, die sich am Wegesrand des kleinen Waldpfades befinden. Nach ca. 1,5 Kilometern erreichen wir einen kleinen Teich und unsere Hunde freuen sich über die erste Abkühlung durch eine kleine Schwimmrunde. Kleinere Bäche begleiten uns und ein längerer Holzsteg bietet eine besondere Gelegenheit für eine Trittsicherheitsübung mit den Hunden auf wechselndem Untergrund. Wie verwunschen wirkt dieser Streckenabschnitt, wir befinden uns sozusagen auf alten Schmugglerpfaden.

Nach zweieinhalb Kilometern erreichen wir die Keltensiedlung mit den beiden rekonstruierten Häusern, einem Wohnhaus und einem Vorratsspeicher. Etwas weiter findet sich ein nachgebauter Holzkohle-Meiler. Auf einer Info-Tafel ist nachzulesen, dass die Herstellung von Holzkohle von großer ökonomischer Bedeutung in der Niedregion war. Weiter geht es auf Waldwegen, bis sich nach ca. 3,2 Kilometern der Wald öffnet und wir entlang wunderschöner Streuobstwiesen unseren Weg fortsetzen. Diese Mixtur von Wald- und Wiesenwegen macht den besonderen Reiz des Druidenpfades aus. Ich stelle mir vor, wie schön es hier sein muss, wenn die Obstbäume in voller Blüte stehen oder ihre Früchte tragen. Fast vier Kilometer sind wir unterwegs, als unsere Hunde „Gas geben" und eine willkommene Abkühlung in einer Mardelle genießen. Wer sich jetzt fragt, was eine Mardelle ist – keine Sorge –, wir wussten es auch nicht. Von der angebrachten Info-Tafel erfahren wir Folgendes: „Mit dem Begriff Mardelle (sinngemäß Mar und Delle gleich Wasserloch), auch Dolinen oder Puhle genannt, werden in unserer Region abflusslose Senken und mehr oder weniger vermoorte, zumindest zeitweise mit Wasser gefüllte Geländemulden bezeichnet." Mit diesem neuen Wissen schaue ich hinüber zu meinen in der Mardelle badenden Hunden und hoffe, dass sie nach der Schwimmrunde noch einen „restauranttauglichen" Duftpegel haben. Alle Besitzer von vierbeinigen Wasser-Freaks wissen sicherlich genau, was ich damit meine.

Wir laufen weiter an Wiesen und Feldern entlang, dann auf einem Waldweg, der kurze Zeit später eine scharfe Rechtsbiegung macht und uns, parallel zur Nied, über einen schmalen Pfad zurück zum Ausgangspunkt führt. Auf den nächsten 1,5 Kilometern faszinieren uns die riesigen Bärlauch-Felder links und rechts des Weges. Anschließend bewältigen wir schnaufend die Stufen bergauf. Oben angekommen stoßen wir auf den asphaltierten Weg unterhalb des Parkplatzes bzw. unseres Startpunktes.

Einkehrtipps: Zur Wackenmühle

Am Druidenpfad selbst befinden sich keine Einkehrmöglichkeiten. Wir fahren deshalb mit den Autos zur nahe gelegenen Gaststätte Zur Wackenmühle. Das Restaurant liegt direkt an der Nied, daher wird das Essen auf der Außenterrasse immer vom beruhigenden Plätschern des Wassers begleitet. Wir kommen unangemeldet und haben Glück, auf der Terrasse ist gerade ein Tisch frei geworden. Die Einkehr mit Hund, sowohl im Restaurant als auch auf der Terrasse, ist unproblematisch, sofern ein Tisch verfügbar ist, denn die Wackenmühle ist nicht nur bei Wanderern beliebt.

Bistro Bagatelle

Das Bistro Bagatelle haben wir bereits bei einer früheren Tour ausprobiert. Im wunderschönen Ambiente, ob drinnen oder draußen, genießt man saisonale Köstlichkeiten, leckere Salate und andere Spezialitäten. Im Biergarten mit dem mediterranen Touch lässt es sich im Sommer perfekt verweilen und schlemmen. Das Mitnehmen unserer Hunde war kein Problem, sowohl im Außenbereich als auch im Biergarten (s. Übernachtungs-Tipps).

Leickshof

Dort sind wir nach einer anderen Tour spontan eingekehrt. Wir wurden mit unseren Hunden freundlich empfangen und nahmen im Biergarten Platz, der an einen Bauerngarten erinnert. Im Leickshof ticken die Uhren anders: Gemütlichkeit, fern jeglicher Hektik, gepaart mit gutem Essen ist hier oberstes Gebot. Die Räume im Inneren des ehemaligen Bauernhauses sind liebevoll eingerichtet und auf der Speisekarte stehen viele vegetarische Gerichte, aber auch Salatvariationen oder gefüllte Fladen.

Einkehrmöglichkeiten kompakt:

Gaststätte Zur Wackenmühle, Zur Wackenmühle 4, 66780 Hemmersdorf, Tel.: 06833-555, www.wackenmuehle.eu, Öffnungszeiten: Mo ab 15.30 Uhr, Mi bis So ab 11 Uhr, Ruhetag: Di

Bistro Bagatelle, Neunkircher Straße 66, 66780 Niedaltdorf, Tel.: 06833-901990, www.bistro-bagatelle.de, Öffnungszeiten: Do bis Sa ab 18 Uhr, Sonn- und Feiertage ab 11 Uhr, Küche 18 bis 21 Uhr, sonntags von 12 bis 14 Uhr, Mo bis Mi geschlossen

Leickshof, Niedstraße 107, 66780 Rehlingen-Siersburg, Tel.: 06835-67993, www.leikshof.de, Öffnungszeiten: Di bis Sa ab 17 Uhr (Küche ab 18 Uhr), Sonntag offen ab 12 Uhr, Ruhetag: Mo

Tour-Bewertung:

Der Druidenpfad ist mit seiner Gesamtlänge von 6,7 Kilometern eine sehr schöne Halbtagestour durch eine herrliche Natur, über Wald-, Feld- und Wiesenwege. Viele Highlights, wie die Keltenhäuser sowie umfangreiche Informationen entlang der Strecke, runden das Wandererlebnis ab.

Es handelt sich um eine leichte Wandertour, die keine besonderen Anforderungen an Mensch und Hund stellt. Es gibt einige kleine Bäche und Abkühlungsmöglichkeiten entlang der Strecke. Im Hochsommer sind sie jedoch u.U. ausgetrocknet, daher sollte man ausreichend Wasser für den Hund mitnehmen. Der Druidenpfad führt zwar auf dem letzten Streckenabschnitt parallel zur Nied, sie ist aber leider vom Weg aus nicht erreichbar. Eine Abkühlung für die Hunde ist deswegen dort nicht möglich.

Weitere nützliche Adressen:

Der Druidenpfad gehört zu den Traumschleifen Saar-Hunsrück, weitere Informationen gibt es daher auch unter www.saar-hunsrueck-steig.de oder direkt beim:

Projektbüro Saar-Hunsrück-Steig, Zum Stausee 198, 66679 Losheim am See, Tel.: 06872-9018100, Öffnungszeiten: November bis März: Mo bis Fr von 8.30 bis 16.30 Uhr, Sa, So und Feiertag von 11 bis 15 Uhr, April bis Oktober: Mo bis Fr von 8.30 bis 17 Uhr, Sa, So und Feiertag von 10 bis 16 Uhr

Saarpfalz-Kreis

Kirkeler Tafeltour

11

Strecken-Länge	*10,5 km*
Dauer	*3,5 Stunden*
Schwierigkeitsgrad	2 von 3 Pfoten
Wasserstellen unterwegs	*ja (nur eine)*
Leinenführigkeit	*von Vorteil*
Bodenbeschaffenheit	*Waldboden*
Überquerung von Straßen	*nein*
Trittsicherheit	*von Vorteil bei Mensch und Hund*
Für fitte Senioren-Hunde	*ja*
Einkehr an der Strecke	*ja*
Strecken-Bewertung	3 von 5 Knochen

Start: Parkplatz am Naturfreundehaus Kirkel, Limbacher Weg 8, 66459 Kirkel

Die Kirkeler Tafeltour führt durch die Wälder rund um den Hirschberg und den Hutschucker Kopf. Mächtige Buntsandsteinfelsen, Höhlen, der geheimnisvolle Frauenbrunnen, ein geologischer Lehrpfad – das alles bietet die Tour auf den schattigen Pfaden eines der größten Waldgebiete des Saarlandes.
Es ist Anfang April und wir sind mit einer kleinen Gruppe (8 Menschen/ 7 Hunde) unterwegs. Unser Startpunkt befindet sich auf dem Parkplatz neben dem Naturfreundehaus Kirkel, wo es genügend Stellfläche gibt. Die Touren-Markierung – die weiße Kochmütze – führt uns hinter einigen Wohnhäusern vorbei an das hölzerne Start-Tor. Es folgt ein kurzer Anstieg, der Weg biegt anschließend rechts ab, wir laufen die Tour gegen den Uhrzeigersinn.
Der Beschilderung leicht bergan folgend, haben wir einen wunderbaren Blick auf die Burg Kirkel. Bis ins Jahr 1075 reicht deren Geschichte zurück. Als Gaugrafenburg wurde sie mitten im Ort auf einem Felsen errichtet. Die Route der Tafeltour führt zwar nicht direkt an der Burgruine vorbei, es lohnt sich aber, im Anschluss eine Stippvisite einzuplanen oder die Wanderung

mit einer Führung zu verknüpfen, die über die Gemeinde Kirkel gebucht werden kann.
Recht bald tauchen erste imposante Felsformationen auf. Wir befinden uns auf einer Schleife um den Hutschucker Kopf. Von dem anfänglich breiten Forstweg wechseln wir auf einen schmalen Pfad. Die Wegführung über schmale Naturpfade ist kennzeichnend für diese Tour. Fast die ganze Strecke bleibt es dabei. Nur selten laufen wir über breite befestigte Wege. Aber gerade das macht den Reiz dieser Tour aus.

Das Rehbrünnchen ist unser nächstes Ziel. Der 1968 erbaute Brunnen liegt ca. 60 Meter abseits der Hauptroute, etwas versteckt im Wald. Der idyllische Platz ist ideal für eine erste Rast und unsere Hunde erfrischen sich am kühlen Quellwasser.

Die Weg-Beschilderung leitet uns dann erneut leicht bergauf. Wir laufen kurzzeitig auf einem der wenigen breiten Waldwege. Fast märchenhaft ist es hier: Moos bedeckt rechts und links den gesamten Waldboden. Über Stock und Stein, zum Teil auf schmalen Hangwegen, folgen wir der Route bis zum Naturdenkmal Frauenbrunnen, einer keltischen Kultstätte und Quellheiligtum. Vor dem Brunnen wurde ein sehr schöner Rastplatz errichtet, den wir für eine zweite gemütliche Pause nutzen.

Anschließend bringt uns die Wanderstrecke zum Geologischen Lehrpfad. 1983 angelegt, führt er die Wanderer mitten im Wald an über zwanzig Gesteinsarten vorbei. An jedem Stein ist eine Tafel angebracht, die Auskunft über Fundort, Entstehung, Alter etc. gibt. Mit dem Lehrpfad beginnt die zweite Touren-Hälfte rund um den Hirschberg. Auch diese Strecke zeichnet sich durch schmale, naturbelassene Pfade aus, die durch dichten Laub-Mischwald führen.

Nach ca. sieben gelaufenen Kilometern erreichen wir den Felsenpfad. Er schlängelt sich um zahlreiche imposante, bizarre Felsformationen herum, die gelb-rot oder moosbewachsen grün in der April-Sonne schimmern. Beeindruckend und mächtig sind sie. Vor etwa 240 Millionen Jahren entstanden, tragen sie heute Namen wie „Froschmaul", „Schräge Platte", „Sonnendach" oder auch „Unglücksfelsen", von dem, der Sage nach, ein Jäger bei der Jagd auf einen Hirsch abgestürzt sein soll. Für mutige Schwindelfreie wurden einige Felsen zum Klettern freigegeben. Wer noch mehr Gesteinsformationen sehen will, kann die Tour um den oberen Felsenweg ausdehnen.

Weiter geht es – mal bergauf, mal bergab – bis zur Felsgruppe „Hollerkanzel", ebenfalls ein Naturdenkmal. Fast 9 Kilometer Wanderstrecke liegen nun hinter uns. Wir haben das Plateau erreicht, das (wie wir der Info-Tafel entnehmen) von den Kirkelern „Schöne Aussicht" genannt wird. Bei klarer Sicht ist von hier aus der Schaumberg bei Tholey zu erkennen. Zum Schluss wird der Weg noch einmal steiler. Beim Abstieg vom Aussichtspunkt sind auf den ersten Metern Trittsicherheit und eine gute Leinenführigkeit gefragt, denn es ragen Steine und Wurzeln in den Weg. Nur noch wenige Minuten trennen uns ab hier von unserem Endpunkt und dem Essen im Naturfreundehaus.

Einkehrtipps:

Naturfreundehaus Kirkel

Das Naturfreundehaus Kirkel bietet einen überdachten Außenbereich, innen sitzt es sich ebenfalls gemütlich. Auf der Speisekarte stehen einfache Gerichte, wie zum Beispiel Leberknödel mit Sauerkraut, Bratkartoffeln oder der Fitness-Salat. Wanderer mit Hund sind hier jederzeit willkommen. Auch Kuchen ist immer im Angebot.

Tour-Bewertung:

Die Kirkeler Tafeltour ist eine spannende Tour auf überwiegend naturbelassenen Waldwegen rund um den Hirschberg und den Hutschucker Kopf. Das Highlight ist die Strecke über den Felsenweg mit den wunderbaren mächtigen Felsformationen. Der geologische Lehrpfad versorgt Wanderer mit entsprechendem Wissen.

Die schmalen, verwurzelten Pfade, die manchmal entlang steiler Hänge verlaufen, erfordern fast auf der gesamten Strecke eine gewisse Trittsicherheit, vor allem beim Mensch. Wer einen ungestümen Hund dabei hat, sollte achtsam wandern, denn auch ohne Hund an der Leine kann man hier schon mal ins Stolpern geraten. Lediglich das Quellwasser des Rehbrünnchens sorgt für Erfrischung der Vierbeiner entlang der Strecke. Wasser muss daher ausreichend mitgeführt werden.
Die Tour ist auch für ältere Hunde in seniorentauglichem Wandertempo gut machbar, denn die Steigungen sind überschaubar. Es gibt viele schöne Rastpunkte, die zu einer gemütlichen Pause einladen, bei der der Vierbeiner sich ausruhen kann.

Einkehrmöglichkeiten kompakt:

Naturfreundehaus Kirkel, Limbacher Weg 8, 66459 Kirkel, Tel.: 06849-385, http//:naturfreundehaus-kirkel.naturfreunde-saar.de, Sa, So von 10 bis 21 Uhr, wochentags ab 15 bis 21 Uhr, Ruhetag: Mo

Weitere nützliche Adressen:

Gemeinde Kirkel, Amt für Kultur, Sport und Tourismus, Hauptstraße 10, 66459 Kirkel, Tel.: 06841-80980, www.kirkel.de, Reservierung von Burgführungen: Tel.: 06841-8098/39-oder 40 oder per E-Mail an gemeinde@kirkel.de

Saarpfalz-Touristik, Paradeplatz 4, 66440 Blieskastel, Tel.: 06841-1047174, www.saarpfalz-touristik.de, Öffnungszeiten: Mo bis Do: 8.15 bis 16 Uhr, Fr: 8.15 bis 15 Uhr

Saarpfalz-Kreis

Hüttenwanderweg

12

Strecken-Länge	14,7 km
Dauer	4 Stunden oder länger
Schwierigkeitsgrad	🐾🐾
Wasserstellen unterwegs	ja
Leinenführigkeit	vorteilhaft
Bodenbeschaffenheit	Feld-, Wald- und Wiesenwege, Asphalt
Überquerung von Straßen	ja
Trittsicherheit	von Vorteil bei Mensch und Hund
Für fitte Senioren-Hunde	bedingt
Einkehr an der Strecke	ja
Strecken-Bewertung	4 von 5 Knochen

Start: Kleiner Wanderparkplatz am Ende der Talstraße, 66386 Oberwürzbach. Alternativ bei größeren Gruppen: Wanderparkplatz an der Oberwürzbachhalle, Hauptstraße 86, 66386 Oberwürzbach

Für den Hüttenwanderweg sollte man auf jeden Fall eines einplanen: genügend Zeit! Er bietet Wanderern auf einer Strecke zwischen St. Ingbert, Hassel, Oberwürzbach und Reichenbrunn das „Rund-um-Wohlfühl-Wander-Paket", denn neben der sehr abwechslungsreichen Wegführung über Berg und Tal bietet er vor allem zahlreiche Einkehrmöglichkeiten in mehreren, direkt am Weg liegenden Hütten.

Mit einer kleineren Gruppe (6 Zwei- und 8 Vierbeiner) erkunden wir Mitte Juli den Hüttenwanderweg. Wir parken am Ende der Talstraße in der Nähe des historischen Waschhauses. Hier gibt es nur wenige Parkplätze, daher ist für größere Gruppen der Parkplatz an der Oberwürzbachhalle empfehlenswert.

Da wir zum Mittagessen am Hof Hochscheid einkehren möchten, entscheiden wir uns, gegen die empfohlene Laufrichtung zu wandern. Fast zwei Kilometer führt die Route uns auf Waldwegen, meistens aufwärts, in Richtung Wanderhütte Frohsinn, die sich am Ortsrand von Oberwürzbach befindet. Unterhalb

der Hütte können sich unsere Hunde zum ersten Mal am gepflegten „Frohsinn-Brunnen" erfrischen. Im schattigen Wald sind wir anschließend wieder geraume Zeit leicht bergauf unterwegs, bis der breite Waldweg auf einen schmalen, stufigen Pfad übergeht, der sich kurvig nach unten ins Langental schlängelt.
Talabwärts wandern wir zuerst an der Lourdes Grotte vorbei. Auf einer Info-Tafel ist zu lesen, dass die in dem großen Bundsandstein-Felsen befindliche Grotte 1982 in die Liste der Naturdenkmäler aufgenommen wurde. Für viele Menschen hat sie nach wie vor die Funktion einer Wallfahrtsstätte, ist ein Ort der Ruhe und Stille. Auch wir bleiben hier einige Zeit. Unsere Hunde trinken frisches Quellwasser aus dem Brunnen, der vor der Grotte installiert wurde.

Wir steigen weiter ins Tal hinab, hier ist Vorsicht mit Hunden geboten, die noch ungestüm an der Leine mitlaufen. Wenig später passieren wir einen weiteren Brunnen, der zu Ehren des Pfarrers Martin Sprengard errichtet wurde, der 1968 seine Tätigkeit als dritter Pfarrer des Dorfes Oberwürzbach aufnahm. Anschließend befinden wir uns auf dem Kreuzweg, der uns letztendlich im idyllisch grünen Langental ankommen lässt. Insgesamt 14 Motivtafeln mit Schnitzereien, die die Leidensstationen Jesu symbolisieren, begleiten uns auf dem Weg nach unten.

Entlang der Reichenbrunner Straße streifen wir den Ortsrand von Oberwürzbach. Jedoch nur kurz, denn wir folgen der Wegmarkierung wieder rechts bergauf in den Wald. Gerade recht kommt der Rotsoligbrunnen. Unsere Hunde planschen fröhlich im niedrigen Wasser der schönen Brunnenanlage. Zumindest für sie geht es nun erfrischt auf den längeren Anstieg zur Weidenberghütte. Ein weiterer Brunnen, der „Brunnen im Saulager", ist bergauf am Wegesrand zu finden. Das Gewicht der Hunde-Wasserflaschen im Rucksack hätten wir definitiv einsparen können.

Ordentlich ins Schnaufen kommen Wanderer spätestens auf den Treppen, die steil hinauf zur Weidenberghütte führen. Würde man den Hüttenwanderweg in der offiziell vorgeschlagenen Richtung laufen, wären die Stufen steil abwärts zu bewältigen und Vorsicht mit temperamentvollen Hunden wäre geboten, vor allem bei Feuchtigkeit. Wir steigen jedoch nach oben und sind froh, als wir endlich die Hütte erreichen. Die offene Schutzhütte mit Blick auf Reichenbrunn ist ideal für eine erste Rast und wir packen unsere Verpflegung aus.

Auf breiten Forstwegen geht es nach unserer gemütlichen Pause weiter durch den angenehm schattigen Mischwald am Weidenberg. Immer noch sanft aufwärts steigend, erblicken wir plötzlich nach der längeren Waldpassage freie Weideflächen und links oben den auf ca. 400 Meter Höhe, oberhalb von Hassel liegenden Hof Hochscheid. Nur noch eine kurze Strecke zwischen den Weiden nach oben trennt uns von unserem Mittagessen.

Hof Hochscheid: Die Geschichte des ältesten saarländischen Hofes, der nach biologisch-dynamischen Maßgaben bewirtschaftet wird, geht bis in die 1930er Jahre zurück. Damals schloss sich eine Gruppe von Freunden um den Saarbrücker Kinderarzt Dr. Engelen und den Bankkaufmann Vollmar zusammen, um gemeinsam eine Landwirtschaft nach biologisch-dynamischen Richtlinien zu betreiben. Ein besonderes Anliegen war ihnen, Stadtkindern eine gesunde Ernährung zu gewährleisten. Auch die späteren Pächter blieben den Vorstellungen der Gründer treu, seit 1986 ist Hof Hochscheid ein anerkannter Demeter-Betrieb. Auf dem Hof leben Kühe, Schweine, Hühner sowie Hunde und einige Katzen. Dazu sorgen acht Bienenvölker für den hofeigenen Honig.

Im gemütlichen Biergarten gönnen wir uns eine ausgiebige Pause (s. Einkehrtipp). Hunde-Besitzer aufgepasst: Das sehr zutrauliche, handzahme Huhn Coco läuft frei zwischen Tischen und Bänken herum, daher sicherheitshalber Hund und Huhn gut im Auge behalten!

Gestärkt geht es zum nächsten Touren-Abschnitt. Unterhalb der Koppeln am Waldsaum genießen unsere Hunde das frische Brunnenwasser am „Hainbuchenbrunnen". Wir marschieren stetig abwärts, bis wir zuletzt auf einem Schotterweg in Richtung Wanderparkplatz unterhalb des Kahlenbergs gelangen. Hier können Wanderer entscheiden, ob sie die Schleife zur Kahlenberghütte laufen und damit den Weg um 2,5 Kilometer erweitern möchten. Alternativ verläuft die Wanderroute auf direktem Weg zur Schopphübelhütte.

Wir nehmen die Schleife, schließlich ist an der Kahlenberghütte eine Kaffee-und-Kuchen-Einkehr geplant. Aber Vorsicht: An dieser Stelle muss die stark befahrene St. Ingberter Straße überquert werden. Bis zur Hütte haben wir uns die Stärkung redlich verdient, denn es sind einige Höhenmeter auf mitunter recht schmalen Waldpfaden zu überwinden. Schnaufend laufen wir

an alten Grenzsteinen vorbei. Oben angekommen haben wir Glück, es ist gerade noch ein Tisch auf der gemütlichen Terrasse der Kahlenberghütte freigeworden. Bei Kaffee und Kuchen werden wir mit einer tollen Fernsicht über das nördliche Saarland bis hin zur Freisener Höhe belohnt. Nach einer halbstündigen Pause begeben wir uns in Richtung Schopphübelhütte. Ungefähr 2,3 Kilometer liegen vor uns und der Hüttenwanderweg führt uns stetig nach unten. Achtung: Auch hier gibt es steilere Bereiche. Kurzfristig tangieren wir den Ort Hassel und überqueren erneut die St. Ingberter Straße.

Für ca. einen Kilometer verlassen wir die sonst auf dieser Tour dominierenden Waldwege und laufen an großzügigen Pferde-Koppeln und Wiesenflächen entlang. Noch einmal streifen wir Hassel. Zwischen den am Ortsrand befindlichen Häusern windet sich ein asphaltierter Weg hoch zur Schopphübelhütte. Wir kommen ins Schnaufen und gönnen uns im großzügig angelegten Biergarten eine kleine Erfrischung, bevor wir uns auf den letzten Tourenabschnitt begeben. 3,7 Kilometer liegen noch vor uns, die es, wie wir recht bald merken werden, noch einmal richtig in sich haben. Bis zum Abstieg zum Eichertsfelsen laufen wir überwiegend durch schattige Waldabschnitte. Ein schmaler Pfad schlängelt sich im Folgenden nach unten zu dem höhlenartigen Naturdenkmal, das sich, etwas versteckt, am Farrenberg bei Oberwürzbach befindet. Man vermutet, dass die Höhlen bereits von unseren Steinzeit-Vorfahren als Unterschlupf genutzt wurden.

Natürlich ergreift uns die Neugierde und wir klettern in die Höhle hinein. Es ist stockdunkel darin. Unsere sonst so wagemutigen Vierbeiner ziehen es vor, hinter uns zu bleiben. Da wir keine Ahnung haben, wie weit es in die Höhle hineingeht und vor allem, was uns da erwartet, lassen wir die Hunde lieber angeleint. Der Blick in die Höhle ist eine nette Übung für Mensch und Hund und ganz nebenbei zeigt sich, wie couragiert der eigene Vierbeiner ist.
Auf dem weiteren Abstieg zum Fischweiher ist wieder Vorsicht geboten. Steil geht es über stufige, wurzelige Pfade nach unten. Der Weiher liegt unten im Laichweihertal eingeschmiegt in die idyllische Landschaft. Ein Platz wie aus einem Bilderbuch. Wir verweilen einige Zeit an dem in der Abendsonne glitzernden Weiher. Dann geht es auf die Zielgerade. Hinter der Fischerhütte befindet sich eine nächste Wegmarkierung. Die restliche Strecke verläuft durch das schattige Laichweihertal, vorbei an einigen kleineren Fischteichen, über den Naturpfad zurück zum Ausgangspunkt. Auf dem dunklen Naturpfad wird es zum Tourenende noch lehrreich, denn viele Schautafeln klären über die regionale Fauna und Flora auf.

Einkehrtipps:

Biergarten Hof Hochscheid

Im Biergarten des in Alleinleinlage befindlichen Hof Hochscheid sitzt es sich sehr gemütlich. Beschaulich ist die Hof-Atmosphäre und die Uhren ticken hier irgendwie anders. Ideal für kürzere oder auch längere Pausen. Auf der Speisekarte stehen jeweils zwei (wechselnde) Tages-Gerichte (ein vegetarisches und ein Fleisch-Gericht) sowie Kuchen. Überwiegend werden zur Zubereitung eigen-erwirtschaftete Zutaten verwendet. Auf unseren Tellern lagen Kartoffeln mit frischem Kräuterquark sowie Geschnetzeltes mit Reis. Geschmeckt hat es uns allen!
Um noch einmal zurück zu dem handzahmen Huhn Coco (mit vollem Namen „Coco Vin") zu kommen: Coco, so erzählt mir Michael Bitsch, der Pächter des Hofes, hat als einzige ein Fuchs-Massaker überlebt, dem alle anderen Hühner des Hofes

zum Opfer fielen. So alleine konnte es natürlich nicht im Stall bleiben. Die Gefahr war zu groß. Also durfte das Huhn mit ins Haus. Als nach einiger Zeit wieder Hühner angeschafft wurden, hatte Coco längst die Vorzüge der menschlichen Gesellschaft kennengelernt und boykottierte schlauerweise den Umzug zu den anderen Hühnern. Coco ist mittlerweile 4 Jahre alt und hat nach wie vor einen Schlafplatz in der Eingangsdiele. Tagsüber schaut Coco im Biergarten nach dem Rechten und erfreut die Besucher. Daher Vorsicht bei der Einkehr, falls der eigene Hund Gefallen an Gefiedertem hat. Den Hund gut sichern, damit Coco noch ein langes, schönes Leben hat.

Kahlenberghütte

Unser nächstes Ziel: Kaffee und Kuchen in der Kahlenberghütte. Die Hütte ist innen sehr gemütlich, so wie man sich eine Hütte vorstellt! Auf der Terrasse kann man nicht nur Kulinarisches oder ein kühles Getränk genießen, sondern auch den wunderbaren Fernblick. Dafür lohnt sich auf jeden Fall der Umweg über die Kahlenbergschleife. Auf der Speisekarte stehen diverse Gerichte für den kleinen oder großen Hunger. Frischgebackenen Kuchen gibt es obendrauf. Die Kahlenberghütte ist nicht nur bei Wanderern beliebt, daher ist vor allem an den Wochenenden bzw. an Schönwetter-Tagen mit viel Betrieb zu rechnen. Pächter Martin Biedermann freut sich auch über Gäste mit Hund, allerdings bittet er Wander-Gruppen mit mehreren Hunden um vorherige Reservierung.

Schopphübelhütte

Der große einladende Biergarten mit Grillhütte und Spielplatz fällt direkt auf, wenn man die Schopphübelhütte der Wander- und Naturfreunde Hassel e.V. erreicht hat. Auch innen sitzt es sich gemütlich und wer Lust auf Deftiges oder auch ein Stück Kuchen hat, ist hier genau richtig. Wer vor der Wanderung einen Blick auf die Speisekarte werfen will, kann dies unter www.wanderverein-hassel.de tun. Zwei- und Vierbeiner sind in der Schopphübelhütte jederzeit willkommen.

Hütte des Wanderverein Frohsinn

Wer den Hüttenwanderweg in der empfohlenen Laufrichtung wandert, der erreicht ca. zwei Kilometer vor Streckenende die gepflegte Hütte des Wandervereins Frohsinn. Mittwochnachmittags sowie an Sonn- und Feiertagen gibt es beim Wanderverein nicht nur ein kühles Getränk für die Wanderer, sondern auch Kuchen oder deftige Speisen, wie zum Beispiel Leberknödel. Vorstandsmitglied Siegfried Deller und seine Frau Waltraud Semmet gehören zu dem ehrenamtlichen Team, das sich um die Bewirtschaftung der Hütte kümmert. „Hunde dürfen selbstverständlich mit in die Hütte genommen werden", sagt Waltraud Semmet und betont, dass die mitgeführten Vierbeiner von ihr meistens noch ein Leckerli bekommen.

Tour-Bewertung:

Abwechslungsreiche, aber auch genussreiche sieben (!) Stunden, überwiegend auf Waldwegen, sind wir auf dem Hüttenwanderweg unterwegs. Kein Wunder, denn als Genuss-Wanderer testen wir natürlich ausgiebig fast alle Hütten. Die Einkehr zu Mittagessen, Kaffee und Kuchen und noch einem kühlen Getränk am Touren-Ende nehmen Zeit in Anspruch! Ich empfehle daher generell, genügend Zeit für diese ausgesprochen schöne Wandertour einzuplanen.
Sie ist vielfältig, aber auch anstrengend, denn es sind einige Anstiege zu bewältigen. An manchen Abwärtspassagen wird es etwas steiler und stellenweise ist erhöhte Achtsamkeit an-

gesagt, wenn man mit ungestümen Hunden unterwegs ist. Dies gilt auch auf den stufigen Passagen (Weidenberghütte, Eichertsfelsen), vor allem, wenn die Wege feucht sind. Hunde-Senioren sollten nur mitgenommen werden, wenn sie fit genug für diese Berg- und Tal-Strecke sind.
Die Streckenführung verläuft meist durch schattige Wälder. In Kombination mit den vielen Brunnen ist der Hüttenwanderweg durchaus auch an wärmeren Tagen gut zu meistern. Die erste Erfrischungsmöglichkeit am Frohsinn-Brunnen erreicht man bereits nach knapp zwei Kilometern. Eine kleine Flasche Hunde-Wasser ist also ausreichend. Die Hunde-Pfoten haben es überwiegend mit Wald-Wegen zu tun, nur drei Mal ist das Überqueren von Straßen bzw. das Laufen auf Asphalt entlang von Straßen erforderlich. Vor allem der Zweibeiner sollte auf dieser Tour trittsicher und mit gutem Schuhwerk ausgerüstet sein.

Einkehrmöglichkeiten kompakt:

Hütte des Wanderverein Frohsinn, Farrenbergstraße, 66386 St. Ingbert-Oberwürzbach, Tel.: 06894-7120, Öffnungszeiten: Mi 14 bis 20 Uhr, sonn- u. feiertags 10 bis 20 Uhr

Demeter-Betrieb Hof Hochscheid, 66386 St. Ingbert, Tel.: 06894-88530, www.hof-hochscheid.de, Öffnungszeiten: März bis November, sonn- u. feiertags 11 bis 19 Uhr

Kahlenberghütte Rohrbach, Rohrbacher Straße 99 , 66386 St. Ingbert , Tel.: 06894-9667979, Mi und Sa ab 15 Uhr, Sonn- und Feiertage ab 10 Uhr

Schopphübelhütte, Wander- und Naturfreunde Hassel e.V., Altenhofstraße, 66386 St. Ingbert-Hassel, Tel.: 06894-53982, www.wanderverein-hassel.de, Öffnungszeiten: Mi 15 bis 22 Uhr, Sa 15 bis 20 Uhr, So 10 bis 19 Uhr

Weitere nützliche Adressen:

Saarpfalz-Touristik, Paradeplatz 4, 66440 Blieskastel, Tel.: 06841-1047174, www.saarpfalz-touristik.de, Öffnungszeiten: Mo bis Do: 8.15 bis 16 Uhr, Fr: 8.15 bis 15 Uhr

Auf der Internetseite der Saarpfalz-Touristik kann man sich unter „Info/Prospekte" den übersichtlichen Flyer des Hüttenwanderweges downloaden.

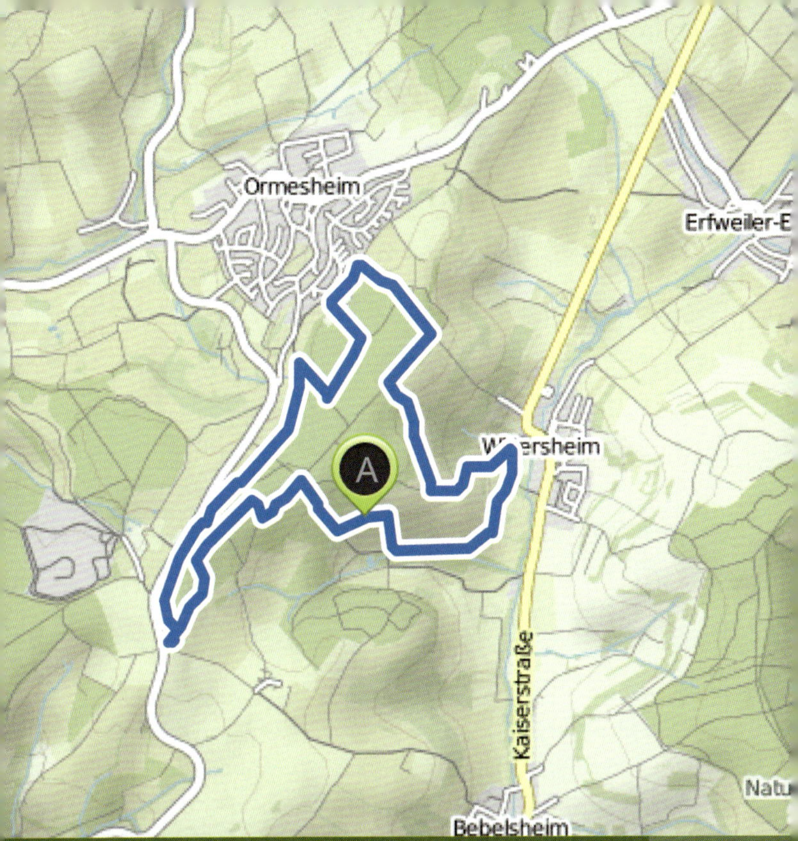

Saarpfalz-Kreis

Lochfeld-Tour

13

Strecken-Länge	*8,6 km*
Dauer	*2 Stunden*
Schwierigkeitsgrad	
Wasserstellen unterwegs	*nein*
Leinenführigkeit	*keine besondere Anforderung*
Bodenbeschaffenheit	*Wald- und Wiesenwege, sowie asphaltierte Passagen*
Überquerung von Straßen	*nein*
Trittsicherheit	*keine besonderen Anforderungen*
Für fitte Senioren-Hunde	*ja*
Einkehr an der Strecke	*ja*
Strecken-Bewertung	

Start: Haus Lochfeld, Saargemünder Straße, 66399 Mandelbachtal-Wittersheim

Die Lochfeld-Tour ist eine der drei Strecken des Nordic Walking Park Mandelbachtal und gekennzeichnet durch die gelb-grüne Beschilderung „Natur-Fitness Park Nordic Walking - Nr.3". Normalerweise startet sie am Sportplatz Ormesheim, wir beginnen diese Tour als Gruppe mit dreizehn Zwei- und elf Vierbeinern jedoch in Wittersheim – am Kulturlandschaftszentrum Haus Lochfeld. Aus praktischen Gründen natürlich! So kann die Wandertour bei Kaffee und Kuchen am Haus Lochfeld gemütlich enden, ohne dass im Anschluss noch eine größere Strecke zu Fuß zum Auto zurückzulegen ist.

Unsere Route führt uns durch das Gelände des Kulturlandschaftszentrums, vorbei am Kräutergarten. Liebevoll sind hier Schilder aus Schiefer angebracht, die dem Besucher die Zuordnung der angepflanzten Kräuter erleichtern. Am hinteren Ende des Gartens verlassen wir das Zentrum und wandern einen Wiesenweg bergab, der uns auf den asphaltierten Weg in Richtung Ortsanfang von Wittersheim bringt. Kurz vor dem Ortseingang biegen wir links ab und begeben uns auf die (bereits erwähnte) steile Bergauf-Passage – übrigens die einzig steile Passage auf dieser Tour. Oben angekommen, wird man mit einer wunderbaren Aussicht über das Mandelbachtal, an klaren Tagen bis hin zu den Vogesen, belohnt.

Nun geht es überwiegend weiter durch den traumhaft in herbstlichen Farben erstrahlenden Kirchenwald, ein sehr schönes Waldgebiet zwischen Wittersheim, Ormesheimer Berg und dem Heidenkopf mit dem Heidenkopf-Turm. Der Turm befindet sich an der Landstraße zwischen Ormesheim und Bliesmengen- Bolchen. Er ist insgesamt zwölf Meter hoch und von der in 9,50 Meter Höhe befindlichen Aussichtsplattform kann man an schönen Tagen den tollen Fernblick bis in die Vogesen und den Pfälzerwald genießen. Der Streckenverlauf der Lochfeld-Tour macht zwar ca. 200 Meter unterhalb des Aussichtsturmes eine Linksbiegung, ein kurzer Abstecher zum Turm lohnt aber und der Aufstieg auf die Plattform ist eine gute Übung für Hunde in puncto Trittsicherheit.

Tipp: *Wer länger wandern möchte, kann vom Heidenkopfturm aus die Tour um weitere 4,2 km ausdehnen (Strecke ist gut gekennzeichnet) und einen „kulinarischen" Abstecher in den Gräfinthaler-Hof einplanen.*

Weiter auf der Lochfeld-Tour, wieder dem Schild „Natur-Fitness Park Nordic Walking - Nr. 3" folgend, geht es auf idyllischen Wegen und durch wunderschöne Wald-Alleen zurück zum Startpunkt. Nach ca. 2 Stunden endet unsere Wanderung am Kulturlandschaftszentrum Haus Lochfeld. Wer mehr über die Landschaft des Bliesgaus erfahren möchte, sollte einen längeren Aufenthalt hier einplanen. Rund ums Haus wurden ein ökologischer Weinberg, eine Streuobstwiese, ein Kräuter- und Bauerngarten, sowie ein Rosen- und Beerengarten angelegt. Eine Besonderheit sind auch die alten Maulbeerbäume, die bereits in der Römerzeit im Bliesgau angepflanzt wurden, und der wohl älteste Mispelbaum (auf Saarländisch auch „Hundsärsch" genannt) des Saarlandes. Das Haus Lochfeld wurde 1999 vom Zweckverband „Saar-Blies-Gau/ Auf der Lohe" erworben, zum Kulturlandschaftszentrum umfunktioniert und für die Öffentlichkeit zugänglich gemacht. Das ganze Jahr über finden hier wechselnde Ausstellungen und Veranstaltungen statt.

Auf der Außenterrasse mit Blick ins Grüne lässt es sich an sonnigen Tagen wunderbar verweilen. Es ist zwar schon Anfang November, aber die erstaunlich milden Temperaturen veranlassen uns dazu, nicht drinnen, sondern an einem der Tische auf der Terrasse Platz zu nehmen. In der herrlichen Novembersonne genießen wir im „VeBistro" Kaffee und Kuchen zum Abschluss der Wanderung und werfen anschließend noch einen bewundernden Blick auf die Bilder verschiedener saarländischer Künstler, die an diesem Tag ausgestellt werden.

Einkehrtipps:

Das VeBistro – das vegane Bistro im Haus Lochfeld

Das Bistro am Kulturlandschaftszentrum bietet neben selbstgemachtem Kuchen und fair gehandelten Kaffee auch vollwertige, vegane Gerichte mit frischen Zutaten aus der Region. An Schönwettertagen ist der Blick von der Terrasse aus über den Bliesgau wunderschön. Hunde dürfen bei schlechtem Wetter mit in die kleine, liebevoll eingerichtete Gaststube. Bei Wandergruppen ist eine Voranmeldung ratsam.

Gräfinthaler-Hof

Wer die Lochfeld-Tour kulinarisch erweitern möchte, kann zum Gräfinthaler-Hof wandern oder im Anschluss mit dem Auto dorthin fahren. Das Restaurant ist wunderschön gelegen, in der Nähe der Naturbühne Gräfinthal und umgeben von den Überresten des ehemaligen Wilhelmitenklosters Gräfinthal. Wir kommen am Nachmittag unangemeldet mit einem kleineren Teil der Wandergruppe samt Hunden. Das Mitnehmen unserer Vierbeiner ins Restaurant ist erstaunlich unproblematisch, wir werden auch ohne vorherige Reservierung herzlich empfangen. Unter einigen anderen Tischen befinden sich weitere Vierbeiner, was für ein kurzes Begrüßungsgebell sorgt, an dem sich weiter

niemand stört. Sowohl für Einzelpersonen mit Hund als auch Gruppen mit mehreren Hunden ist die Einkehr im Gräfinthaler-Hof unproblematisch, eine vorherige Reservierung ist unbedingt zu empfehlen, denn das alteingesessene Restaurant erfreut sich sehr großer Beliebtheit. Im Sommer bietet die herrlich angelegte Terrasse viele weitere Sitzplätze und saubere Hundenäpfe mit frischem Wasser – immer ein gutes Zeichen für Hundefreundlichkeit – stehen bereit. Direkt vor dem Eingang des Biergartens befindet sich ein kleiner Brunnen, an dem sich die Hunde zusätzlich erfrischen können.

Tour-Bewertung:

Diese Tour ist auf den ersten Blick recht unspektakulär, aber auf jeden Fall eine Wanderung oder einen längeren Gassi-Gang (falls es nicht die ganze Wanderstrecke sein soll) wert. Überwiegend verläuft die Lochfeld-Tour auf traumhaft schönen Waldwegen. In Kombination mit den beiden Einkehrmöglichkeiten hat diese Tour sicherlich auch kulinarisch, getreu dem saarländischen Motto „Hauptsach, gudd gess", genügend zu bieten. Sie ist als leichte Tour einzustufen und sowohl für fitte Hunde-Senioren als auch für jüngere, zukünftige „Wander-Begleithunde" – als Übungsstrecke – bestens geeignet. Der Kirchenwald ist recht beliebt, an Schönwettertagen ist hier mit einer höheren Frequentierung zu rechnen. Unterwegs gibt es keine Wasserstellen, daher sollte der Wanderrucksack auch genügend Wasser für den Hund beinhalten.

Einkehrmöglichkeiten kompakt:

Das VeBistro – das vegane Bistro im Haus Lochfeld, Saargemünder Straße, 66399 Mandelbachtal-Wittersheim, Tel.: 0151-70017156, www.vebistro.blog.de, Öffnungszeiten: So und feiertags von 11.30 bis 18 Uhr, Mi von 15 bis 20 Uhr

Gräfinthaler-Hof, Gräfinthal 6, 66399 Mandelbachtal, Tel.: 06804-91100, www.graefinthaler-hof.de, Öffnungszeiten: 11.30 bis 23 Uhr. Die Küche ist von 12 bis 14 Uhr und 18 bis 22 Uhr geöffnet, nachmittags gibt es die kleine Bistrokarte.

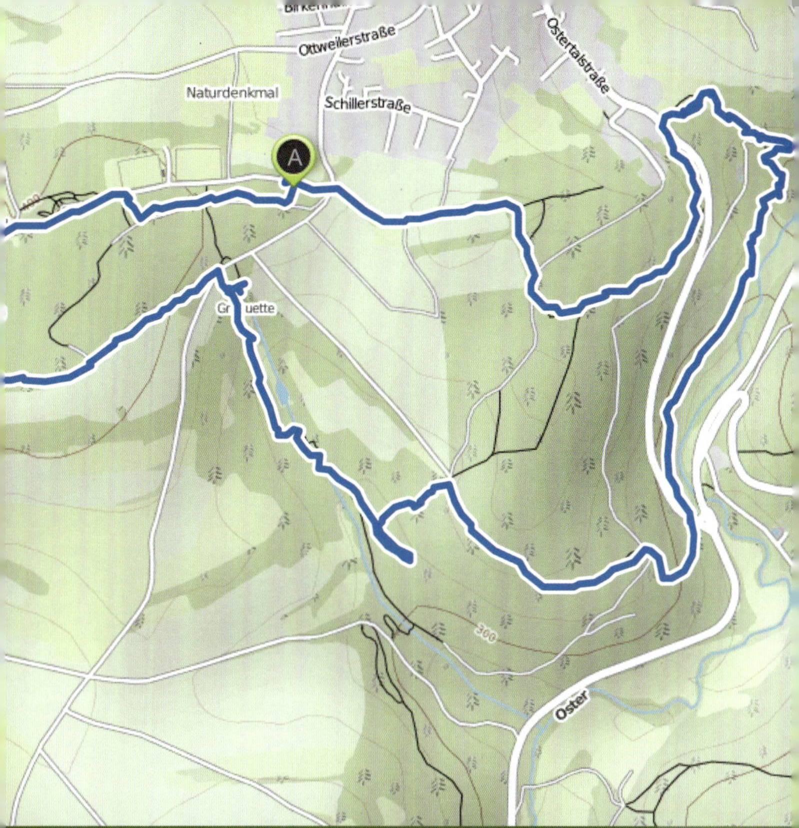

Landkreis Neunkirchen

Steinbachpfad

14

Strecken-Länge	*8 km*
Dauer	*3 Stunden*
Schwierigkeitsgrad	
Wasserstellen unterwegs	*ja*
Leinenführigkeit	*wichtig auf der steilen Passage hinunter zum Kerbach*
Bodenbeschaffenheit	*überwiegend Schotterweg*
Überquerung von Straßen	*ja, zwei Mal*
Trittsicherheit	*vorteilhaft*
Für fitte Senioren-Hunde	*nur bei guter Kondition geeignet*
Einkehr an der Strecke	*nein*
Strecken-Bewertung	

Start: Startportal Steinbachpfad, Zum Sportplatz, 66564 Ottweiler-Steinbach

Die abwechslungsreiche Halbtages-Tour hat einiges zu bieten: ob verwunschene Bachläufe, wunderbare Ausblicke, schattige Wald-Passagen oder sonnenverwöhnte Wiesenwege – hier kommen Wanderer voll auf ihre Kosten.

Los geht es an den Sportplätzen in Ottweiler-Steinbach, dort befindet sich das Start-Tor des Steinbachpfades. Hier gibt es genügend Parkplätze auch für eine größere Wandergruppe. Es ist Ende März und wir sind dieses Mal mit sechs Personen und sieben Hunden unterwegs. Eine kurze Waldpassage führt uns parallel zu den Sportplätzen direkt zum ersten Highlight der Tour: dem Panoramaturm Betzelhübel. Auf dem Betzelhübel (427 m) befinden wir uns auf dem höchsten Punkt der Tour. Neugierig erklimmen wir die 120 Stufen des im Jahre 2013 errichteten, 20 Meter hohen Turms und genießen, wenn auch nur kurz aufgrund des eisigen Windes, den fantastischen Blick über weite Teile des Saarlandes bis in die Pfalz. Unsere Hunde sind unten angebunden und besonders Mischlings-Hündin Wanda blickt erwartungsfroh nach oben, als Frauchen wieder hinuntersteigt.

Wir folgen der Weg-Markierung abwärts und biegen nach wenigen Metern wieder links ab. Der Steinbachpfad kreuzt hier den Flowtrail Ottweiler. Dabei handelt es sich um eine Wald-Abfahrtsstrecke, die speziell für Mountainbiker angelegt wurde. Wir laufen unter einer Holzbrücke durch und verlassen das kleine Waldstück wieder. Vor uns liegt eine offene Wiesenlandschaft und wir werden erneut mit einem wunderbaren Weitblick belohnt.

Wenige Minuten später, der Weg macht eine Linksbiegung, bleiben wir an einem alten Grenzstein stehen. Seine Geschichte reicht bis 1765 zurück, wie der daneben angebrachten Info-Tafel zu entnehmen ist. Der Steinbachpfad verläuft im Anschluss für ein kurzes Stück identisch mit dem Schauinslandweg, (s. S. 146). Unmittelbar hinter einem knöchrigen alten Baum, an dem ein Wegeschild angebracht ist, erreichen wir eine Sinnesbank mit der Aufschrift „Aussichtspunkt Hahnenberg". Von hier aus blickt man auf Wiesen und Felder und in der Ferne auf einige Häuser des Ortes Münchwies sowie auf den dahinter befindlichen Höcherberg mit den Funkmasten und dem nicht ganz so deutlich zu erkennenden, 1913 erbauten, Höcherberg-Turm – dem Wahrzeichen der Stadt Höchen.

Wir wandern leicht bergab und erreichen nach einiger Zeit das Naherholungsgebiet „Kerbacher Loch". Dort finden wir gleich zu Beginn eine sehr gepflegte Schutzhütte mit Grillplatz sowie einen Brunnen, an dem sich unsere Hunde zum ersten Mal auf dieser Tour erfrischen können. Wir lassen uns hier etwas Zeit für eine gemütliche Rast, bevor wir uns auf dem schmalen Pfad ins Tal des Kerbacher Lochs begeben. Hier ist Vorsicht geboten, vor allem mit ziehenden, ungestümen Hunden, denn es geht über einige Stufen mitunter steil nach unten.

Ein Schild mit der Aufschrift „Steinerne Eule" lässt uns, während wir abwärts marschieren, auf den gegenüberliegenden Hang blicken. Wäre nicht ein kleines Holzdach über der in Stein gemeißelten Eule angebracht, würde man möglicherweise etwas länger nach ihr suchen. Unten am Kerbach empfängt uns die „Steinerne Wildsau" und für einige Meter geht es am malerischen Bachlauf in der schattigen Kerbacher Schlucht entlang. Wir sind jetzt ca. 3,4 Kilometer unterwegs und für unsere Hunde kommt die Abkühlung im klaren Bach genau richtig, denn wenig später steht eine längere Passage bergauf an. Leider verlaufen wir uns, denn den aktuellen Baumfällarbeiten sind wohl auch ein paar der Wegeschilder zum Opfer gefallen. Zum Glück bemerkt man dies auf den Premiumwegen aufgrund der Schilder-Dichte recht schnell.

Immer noch führt uns der zwischenzeitlich wiedergefundene Steinbachpfad auf schmalen Waldwegen steil nach oben. Etwas außer Puste hätten wir fast den alten Grenzwall übersehen, an dem wir gerade entlangwandern. Uns fallen jedoch die vielen moosüberzogenen Steine auf, die wir spontan als Kulisse für ein paar schöne Erinnerungsfotos nutzen.

Wir sind froh, als wir auf der Anhöhe auf einen breiteren Forstweg stoßen, der uns nun wieder mäßig bergab ins Ostertal bringt. Vorsicht: Die knapp einen Kilometer lange Waldpassage endet an der Landstraße L 288, daher sollte der Hund besser angeleint mitlaufen. Wir überqueren die Straße und folgen der Markierung parallel zur Oster. Idyllisch wirkt der Auenbereich der renaturierten Oster, den wir kurze Zeit später wieder in Richtung Steinbacher Bach verlassen.

An einer malerisch schönen Stelle überqueren wir den Bach. Große Trittsteine liegen für uns bereit, unsere Hunde suchen sich natürlich, vergnüglich planschend, ihren eigenen Weg durch das klare Bachwasser. Wir genießen dieses schöne Natur-Schauspiel einige Zeit und machen uns auf zum letzten Abschnitt der Tour, der mit der längeren Aufwärtspassage zum Freizeitgelände Hiemes beginnt. Es befindet sich am Ortsrand von Steinbach und wir passieren das Gelände mit Grillhütte, kleinem Kräutergarten und Spielplatz, dessen Seilbahn durchaus auch erwachsenen Kindern (wie uns) noch viel Freude bereiten kann. Unsere Hunde schauen verwundert zu, während wir, alle nacheinander und zugegebenermaßen mit einem Heidenspaß, die Seilbahn ausprobieren.

Nach dem erneuten Passieren der L 288 gelangen wir hinter dem letzten Wohnhaus auf einen schmalen Pfad. Auf den restlichen eineinhalb Kilometern, über den Wehlberg zurück zum

Startpunkt, hat die Strecke noch einiges zu bieten. Ein schöner Wiesenweg entlang des Waldsaums, ein weiterer Aussichtspunkt mit Fernblick und ein Bienenlehrpfad mit vielen Info-Tafeln sorgen für einen schönen Abschluss der Tour.

Einkehrtipps:
Wern's Mühle – Landhaus im Ostertal

In der offiziellen Touren-Beschreibung ist die Wern's Mühle als Einkehrmöglichkeit angegeben. Ende 2012 wurde sie von Familie Keller neu eröffnet. Ihr gastronomisches Konzept: kulinarische Kreationen, die fast ausschließlich mit Produkten aus der Region und zusatzstofffrei zubereitet werden.

Nach der recht anstrengenden Tour knurrt uns ordentlich der Magen und wir entscheiden uns, das Restaurant zu testen. Mit den Autos fahren wir nach Ottweiler-Fürth. Wir haben nicht reserviert und erkundigen uns zuerst, ob wir mit allen Hunden einkehren können. Ein freundliches „Kein Problem" ist die Antwort. Unser Fazit nach Vor-, Haupt- und Nachspeise: Nicht nur, dass wir mit unseren Hunden herzlich willkommen waren, auch das Ambiente, der freundliche Service und das leckere Essen haben uns vollends überzeugt.
Da das Restaurant sehr beliebt ist, rate ich auf jeden Fall zu einer Reservierung. Für Wanderer, die nach einer Unterkunft suchen: In der Wern's Mühle stehen zudem einige hundefreundliche Gästezimmer zur Verfügung (2 Hunde pro Zimmer sind erlaubt, s. Übernachtungs-Tipps).

Tipp: *Besuch der Ölmühle Wern: Zum Gebäudekomplex gehört auch die Ölmühle Wern. Die fast vollständig erhaltene Produktionsanlage wurde 1990 restauriert, um sie der Öffentlichkeit zugänglich zu machen. Während der Öffnungszeiten des Restaurants kann die historische Anlage jederzeit besichtigt werden. Auch Führungen oder Ölverkostungen sind auf Wunsch nach vorheriger Reservierung möglich (www.oelmuehle-wern.de).*

Tour-Bewertung:

Der Steinbachpfad ist, je nach Kondition, als mittelschwer einzustufen, denn zwei steilere Anstiege sind zu bewältigen. Er ist sehr abwechslungsreich und bietet viele Highlights, wie den Ausblick vom Panoramaturm Betzelhübel oder die idyllische Natur entlang des Kerbachs, der Oster und des Steinbachs. Neben der ersten Erfrischungsmöglichkeit am Brunnen an der Schutzhütte (nach ca. 2,7 km) gibt es also auch im weiteren Streckenverlauf genügend Wasserstellen für den Hund.

Zwei Mal muss eine Landstraße überquert werden, daher Vorsicht, wenn vierbeinige Begleiter frei mitlaufen. Ebenfalls Vorsicht auf der steilen Passage hinab zum Kerbach, falls der Hund noch etwas an der Leine zieht. Für Hunde-Senioren kann die Tour anstrengend sein, denn es geht bergauf und bergab über Stock und Stein.

In Kombination mit einer Einkehr in der Wern's Mühle ist der Steinbachpfad eine perfekte Tour für „Genuss-Wanderer".

Einkehrmöglichkeit kompakt:

Landhaus Wern's Mühle GmbH, Brückenstraße 37, 66564 Ottweiler–Fürth, Tel.: 06858-6999211, www.werns-muehle.de, Öffnungszeiten: täglich ab 11.30 Uhr, Di ab 17 Uhr, Ruhetag: Mo

Weitere nützliche Adressen:

Historische Ölmühle Wern, Brückenstraße 37, 66564 Ottweiler-Fürth, Tel.: 06858-8249, www.oelmuehle-wern.de

Tourismus- & Kulturzentrale Landkreis Neunkirchen, Zum Bergwerk 10, 66578 Landsweiler-Reden, Tel.: 06821-9729214, www.rosenkreis.de

Tourist-Information Ottweiler, Schloßhof 5, 66564 Ottweiler, Tel.: 06824-3511, Öffnungszeiten: Di bis Fr von 10 bis 16 Uhr, Sa von 10 bis 13 Uhr

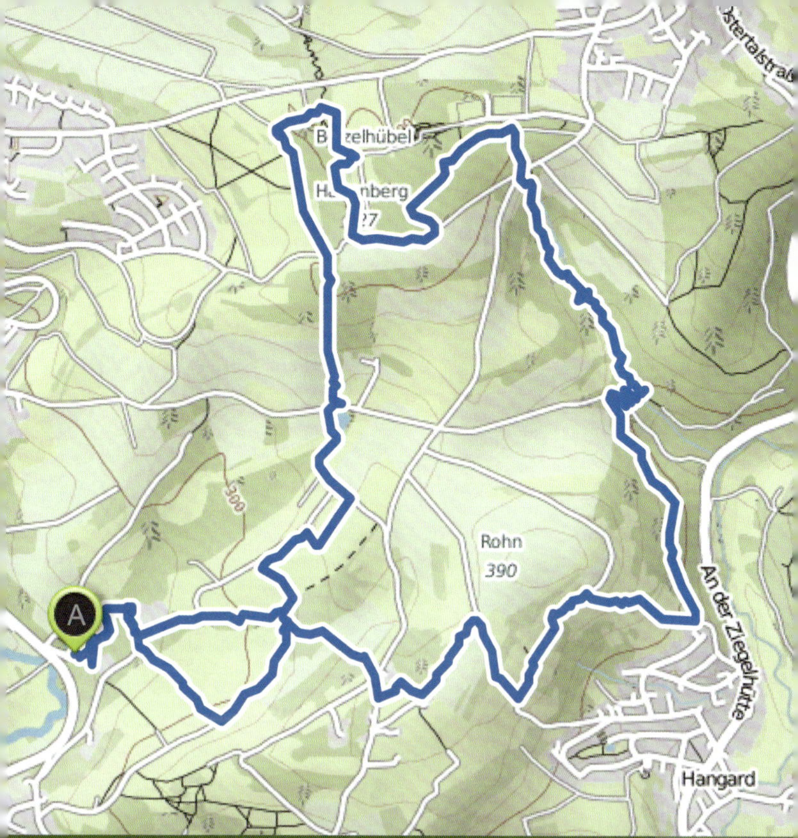

Landkreis Neunkirchen

Schauinslandweg

15

Strecken-Länge	*11,9 km*
Dauer	*3,5 Stunden oder mehr*
Schwierigkeitsgrad	
Wasserstellen unterwegs	*ja*
Leinenführigkeit	*an einigen Stellen vorteilhaft*
Bodenbeschaffenheit	*Feld-, Wald- und Wiesenwege, Asphalt*
Überquerung von Straßen	*nein*
Trittsicherheit	*von Vorteil bei Mensch & Hund*
Für fitte Senioren-Hunde	*bedingt geeignet*
Einkehr an der Strecke	*ja*
Strecken-Bewertung	

Start: Parkplatz am Fischweiher Randsbach, In der Meisbach, 66564 Ottweiler

Zwischen Ottweiler, Wiebelskirchen, Münchwies und Hangard verläuft der abwechslungsreiche Schauinslandweg, der seinen Namen dem Hangarder Bergrücken „Schauinsland" verdankt. Er verspricht wunderbare Ausblicke an insgesamt 13 Aussichtspunkten und viele weitere Naturerlebnisse.

Es ist Anfang Juli. Wir sind an einem sonnigen Freitagnachmittag zu dritt auf dem Schauinslandweg unterwegs. Collie Larry, Podenco-Mix-Dame Thea und mein Border-Collie-Mädchen Jule laufen als vierbeinige „Touren-Tester" mit. Eine erste Wegmarkierung führt uns vom Parkplatz aus hoch zum Randsbacher Fischweiher. Da gerade keine Angler anwesend sind, gibt es für meinen wasserverrückten Hund gleich zu Beginn das erste Highlight: eine kurze Schwimmrunde. Wir sind fasziniert von der sehr gepflegten, idyllisch gelegenen Weiher-Anlage. An der Fischerhütte, die sich direkt vorne rechts befindet, halten wir an und fragen nach, ob wir nach der Tour mit unseren Hunden einkehren können. Ein „Klar doch" ist die Antwort. Wir schauen uns die Speisekarte an und freuen uns jetzt schon auf ein leckeres Essen nach der Wanderung (s. auch Einkehrtipps).

Am rechten Ufer laufen wir bis zu einer größeren Holzbrücke, die malerisch über die Weiher-Landschaft führt. Fast hätten wir sie überquert, entdecken aber noch rechtzeitig die Wegmarkierung, die uns rechts abbiegen und kurze Zeit später am herrlich gelegenen Wald-Hotel vorbeimarschieren lässt. Über einen Schotterweg laufen wir bergauf, vorbei an einigen Wochenend-Grundstücken. Ein Touren-Schild informiert, dass die am Weg liegende Hiemshütte lediglich einen Kilometer entfernt ist. Oben angekommen, trennt uns noch ein schmaler Wiesenpfad vom ersten Aussichtspunkt „Hienhöll". An klaren Tagen wie diesem hat man hier einen herrlichen Blick über die wunderbare Feld-, Wald- und Wiesenlandschaft in Richtung Ottweiler.

Wir lassen die sonnigen Wiesen hinter uns und wandern für kurze Zeit auf schattigen, engen Pfaden hinauf zum Hiems-Brunnen (erste Erfrischungsmöglichkeit für unsere Hunde, nach 1,7 Kilometer) und der dahinter befindlichen Hiemshütte, die vom Wanderverein Wiebelskirchen an Sonn- und Feiertagen bewirtschaftet wird. Oberhalb der Hütte öffnet sich der Wald, entlang blühender Wiesen und erst kürzlich gemähter Felder folgen wir der Route hinauf zum nächsten, am Waldrand liegenden Aussichtspunkt „Sauerwiese". Wir lassen uns auf der dortigen Bank nieder und genießen ausgiebig die herrliche Landschaft und den weiten Blick. Gerne wären wir noch einige Zeit geblieben, aber vor uns liegen weitere neun Kilometer der Wanderstrecke. Der Aussichtspunkt „Schauinsland" ist unser nächstes Ziel, zuerst bergan über einen asphaltierten Weg, dann über einen

Pfad entlang einer Streuobstwiese. Die Anhöhe begrüßt uns mit einem wunderbaren Blick über grüne Hügel, hinter denen die Stadt Neunkirchen gut versteckt liegt. Eine Wegmarkierung ist mitten auf einer weitläufigen Wiese an einem Holzpfosten angebracht, etwas weiter erweckt eine Bank mit Schnitzereien unsere Aufmerksamkeit und wir bleiben eine Weile dort sitzen.

Dass wir nicht wirklich vorankommen, stört niemanden, denn wir haben ja keinen Zeitdruck. Jeder Aussichtspunkt lädt einfach dazu ein, die Seele baumeln zu lassen. Mir fällt der Spruch von Anton Tschechow ein, den ich auf der Almglück-Tour im Schaukasten der Hochwald-Alm entdeckt hatte: „Die Natur ist ein gutes Beruhigungsmittel". Einfach zutreffend!

Anschließend macht die Wegführung eine Rechtsbiegung und nach 2,7 gelaufenen Kilometern befinden wir uns auf einem geteerten Weg in Richtung Hangard. Es dauert nicht lange und wir haben wieder weichen Boden unter den Füßen (und Pfoten), denn die Route schlängelt sich zwischen Pferdekoppeln, Streuobstwiesen und kurzen Waldabschnitten hin zum Aussichtspunkt Rohn. Es ist Zeit für eine kurze Rast. Wir setzen uns gemütlich auf eine Sinnesbank mit Blick auf Hangard und genießen unsere mitgebrachte Verpflegung.

Es scheint, als ob der nachfolgende tunnelartige Pfad zwischen den hochgewachsenen Hecken erst kürzlich freigeschnitten

wurde. Er führt uns auf ein asphaltiertes Wegstück bergab, entlang einiger Wochenendgrundstücke und Pferdekoppeln am Rande von Hangard. Es dauert nicht lange, bis wir eine vollkommen andere Wegführung erleben: schattig und angenehm kühl durch ein längeres, verwunschen wirkendes Waldstück, vorbei an einem alten Steinbruch mit moosbedeckten Ästen und Bäumen. Holzbrücken und -stege sind zu überqueren, dann gelangen wir an eine Sitzgruppe, die sich auf einer kleinen Anhöhe befindet und an sommerlich warmen Tagen sicherlich optimal für eine schattige Rast ist. Auf schmalen Trampelpfaden, dann wieder breiteren Forstwegen, laufen wir gemütlich weiter und passieren einen alten historischen Grenzstein von 1763.

Nur ein paar Meter dahinter halten wir uns links und der Weg schlängelt sich steil bergab in Richtung Kerbacher Schlucht. Hier ist Vorsicht geboten, falls der Hund noch nicht ganz leinenführig ist. Unten im Tal angekommen, überqueren wir eine Holzbrücke, um dann einige Zeit dem Bachlauf zu folgen. An einer besonders malerischen Stelle pausieren wir, während sich unsere Hunde die „warm gelaufenen" Pfoten ausgiebig im klaren Bachwasser kühlen. Einzelne Lichtstrahlen, die sich durch den dichten Wald bis ins Tal durchsetzen und sich im Wasser des Kerbaches spiegeln, lassen diesen Ort magisch erscheinen. Erneut ein Augenblick, um die Seele baumeln zu lassen.
Unser nächstes Ziel ist die Freizeitanlage „Kerbacher Loch". Wir überqueren den Bach, ein schmaler Waldpfad sowie einige Stu-

fen deuten die sich anschließende, längere Aufwärtspassage an, vorbei an der „Steinernen Wildsau" und der „Steinernen Eule" (die uns schon auf dem Steinbachpfad begegnet sind). 6,3 Kilometer liegen hinter uns, als wir das Freizeitgelände mit der Schutzhütte und dem Grillplatz erreichen. Unterhalb am Brunnen füllen wir unsere Hunde-Wasserflaschen auf.

Der nächste moderate Anstieg führt uns über eine Waldschleife zum Aussichtspunkt Hahnenberg. Wir blicken auf Wiesen und Felder und in der Ferne auf den Ort Münchwies sowie den dahinter befindlichen Höcherberg mit den Funkmasten und dem Höcherberg-Turm. Etwa 500 Meter weiter erreichen wir den Panoramaturm Betzelhübel. Der 20 Meter hohe Turm wurde 2013 errichtet. 120 Stufen führen nach oben und ermöglichen einen wunderbaren Panoramablick über weite Teile des Saarlandes bis in die Pfalz.

Der Schauinslandweg verläuft für ein kurzes Stück identisch zum Steinbachpfad, vorbei am Flowtrail Ottweiler (einer Fun-Abfahrtsstrecke für Mountainbiker) und anschließend entlang weitläufiger Felder und Streuobstwiesen. Mittlerweile ist es 18.50 Uhr, die herrliche Abendsonne veranlasst uns dazu, eine Pause einzulegen, um diesen wunderschönen Streckenabschnitt noch eine Weile zu genießen. Die weite Landschaft zeigt sich uns in warmen, leuchtenden Farbtönen. Wir nutzen die Gelegenheit, noch ein paar Fotoaufnahmen von Podenco-Mix-Dame Thea zu machen, deren rehbraunes Fell und die bernsteinfarbenen Augen in diesem Abendlicht besonders gut zur Geltung kommen.

Der letzte Abschnitt des Schauinslandweges über die nachfolgenden 3 Kilometer zieht noch einmal alle Register. Bergab erreichen wir bald den nächsten Aussichtspunkt Leimersbrunnen und etwas weiter die idyllische Weiheranlage „Zum Leimersbrunnen". Auf breiten Feld- und Wiesenwegen gelangen wir anschließend an den letzten Aussichtspunkt „Meisbach" und lesen dort auf einer Info-Tafel amüsiert die „Legende des Ratzehannes". Ab hier geht es am Waldsaum abwärts zum ca. 200 Meter entfernten, schmalen Eingang hinunter zur Hiemsklamm. Fast am Ende unserer Wandertour ist diese Passage noch einmal ein wahres Highlight. Verwunschen wirkt die dunkle, stark bewachsene Schlucht in der Dämmerung. Treppenstufen – mal mehr, mal weniger steil – sowie schmale, wurzelbewachsene enge Pfade führen nach unten. Kleinere Felsen versperren fast den Weg und mehrere Brücken mit Gitterrost-Böden sind zu überqueren, über die unsere Hunde nicht sonderlich glücklich sind. Der Abstieg dauert zwar nicht sehr lange, aber eine gewisse Trittsicherheit von Mensch und Hund sowie Leinenführigkeit sind von Vorteil.

Die Hiemsklamm liegt hinter uns und letztendlich bringt uns der asphaltierte Humesweg wieder am familiengeführten, mitten in der Natur liegenden, Wald-Hotel vorbei. Wir hören Stimmen auf der Hotelterrasse, die unsere Neugierde wecken. Zufällig treffen wir auf den sympathischen Hotel-Chef Christian Penner, der uns spontan eines der hundefreundlichen Zimmer und die gemütliche Grillhütte im Hotelgarten zeigt. Auf der Terrasse sitzen einige Hotel-Gäste bei einem kühlen Bierchen und der Hund eines Gastes schaut uns nach, während wir mit unseren Vierbeinern wieder weiterziehen.

Mittlerweile ist es kurz nach 20 Uhr. Wir erhöhen unser Tempo, da wir ja zu Beginn unserer Tour in der Fischerhütte am Randsbachweiher einen Platz reserviert hatten. Der Gedanke an ein leckeres Abendessen treibt uns voran. Gerade als wir um die Ecke biegen und die Stufen zur Fischerhütte hochlaufen, hören wir das Geräusch eines Rollladens. Erstaunt schauen uns die Betreiber an. Sie erklären, dass sie nicht mehr mit uns gerechnet haben und gerade schließen. Wer hatte auch gedacht, dass wir fast sechs Stunden (!) auf dem Schauinslandweg unterwegs sind!

Einkehrtipps:

Fischerhütte Wiebelskirchen

Wunderbar sitzt man auf der Terrasse der Fischerhütte mit Blick auf die idyllische Weiher-Anlage. Auf der Speisekarte stehen diverse rustikale Gerichte für den kleinen oder großen Hunger und auch mit Hund ist man ein willkommener Gast.

Hiemshütte in der Hiemsklamm

Die Hiemshütte wird vom Wanderverein Wiebelskirchen an Sonn- und Feiertagen bewirtschaftet. Der Schauinslandweg führt zu Beginn dort vorbei. Eine Einkehr am Tourenende ist ebenfalls möglich, da im letzten Streckenabschnitt durch die Hiemsklamm eine Treppe nach oben zur Hütte führt.

Tour-Bewertung:

Der abwechslungsreiche Schauinslandweg verläuft über eine Strecke von 11,9 Kilometern über Stock und Stein, vorbei an weitläufigen Wiesen und Feldern sowie durch schattige Waldpassagen. Der Weg beeindruckt durch die vielen Aussichtspunkte und auch das Tal des Kerbacher Lochs sowie die Hiemsklamm haben ihren ganz besonderen Reiz, daher sollte man genügend Zeit einplanen.

Es gibt einige Erfrischungsmöglichkeiten entlang der Strecke: den Randsbacher Fischweiher zu Beginn, der Hiemsbrunnen und der Brunnen an der Schutzhütte im Naherholungsgebiet Kerbacher Loch sowie der Bachlauf im Tal des Kerbacher Lochs. Eine kleinere Flasche mit Hundewasser reicht also für wärmere Tage vollkommen aus.

Falls der Hund noch etwas ungestüm an der Leine läuft, ist Vorsicht an der Stelle hinunter zum Kerbach angesagt sowie zu Beginn des Abstiegs zur Hiemsklamm. Die Trittsicherheit des Hundes wird zum Touren-Schluss noch einmal auf die Probe gestellt, da mehrere Brücken mit offenen Gitterrost-Böden zu überqueren sind.

Für Hunde-Senioren kann die Strecke aufgrund der Streckenlänge und da es über Stock und Stein, Berg und Tal geht, recht anstrengend werden.

Einkehrmöglichkeiten kompakt:

Fischerhütte Wiebelskirchen, In der Randsbach, 66540 Neunkirchen-Wiebelskirchen, Tel.: 06821-51478, Öffnungszeiten: Di, Mi von 15 bis 21 Uhr, Do bis Sa von 10 bis 13 Uhr und 15 bis 21 Uhr. An Sonn- und Feiertagen von 10 bis 21 Uhr, Ruhetag: Mo

Hiemshütte in der Hiemsklamm, Wanderverein Wiebelskirchen, Tel.: 06821-53940, Öffnungszeiten: vom 01. Mai bis Erntedank jeden Sonn- und Feiertag von 9 bis 18 Uhr

Weitere nützliche Adressen:

Wald-Hotel, Humesweg 4, 66540 Neunkirchen, Tel.: 06821-51856, www.wald-hotel-garni.de (s. auch Übernachtungstipps)

Tourismus- & Kulturzentrale Landkreis Neunkirchen, Zum Bergwerk 10, 66578 Landsweiler-Reden, Tel.: 06821-9729214, www.rosenkreis.de oder auch www.schauinslandweg.de

Tourist-Information Ottweiler, Schloßhof 5, 66564 Ottweiler, Tel.: 06824-3511, Öffnungszeiten: Di bis Fr von 10 bis 16 Uhr, Sa von 10 bis 13 Uhr

HANGARD
Schauinslandweg
Hart-
füßler-
weg
Landkreis Neunkirchen
NK
Saar-Hochwald-Weg

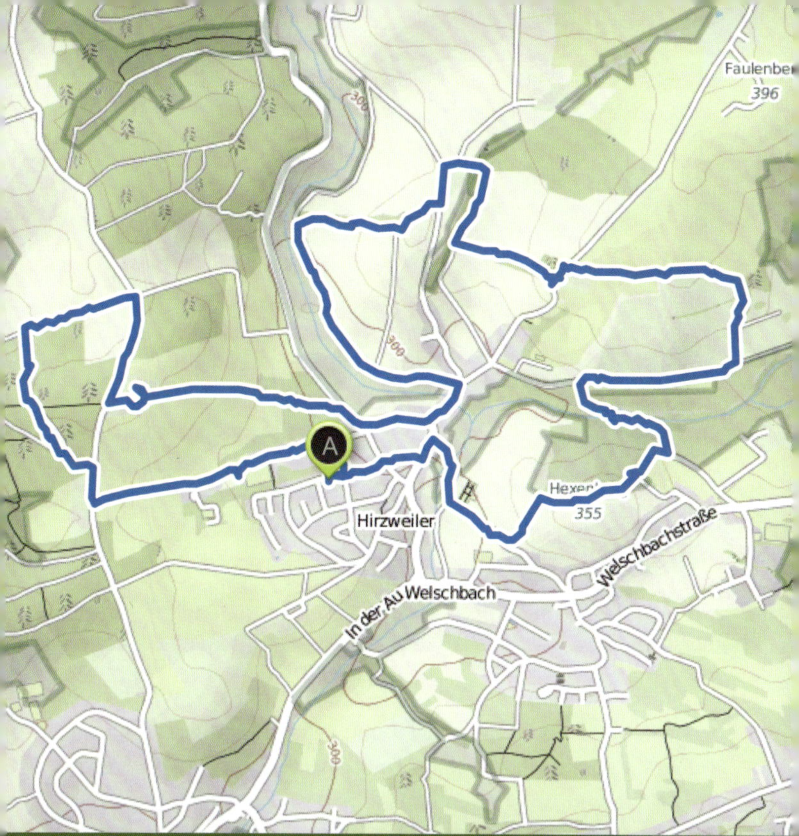

Landkreis Neunkirchen

Erlebnisweg „Rund um das liebe Vieh“

16

Strecken-Länge	*12,8 km*
Dauer	*4 Stunden*
Schwierigkeitsgrad	1 von 3
Wasserstellen unterwegs	*keine*
Leinenführigkeit	*keine besondere Anforderung*
Bodenbeschaffenheit	*überwiegend asphaltierte Wege*
Überquerung von Straßen	*ja*
Trittsicherheit	*keine besondere Anforderung*
Für fitte Senioren-Hunde	*ja*
Einkehr an der Strecke	*ja*
Strecken-Bewertung	3 von 5

Start: an der Dorf- und Schaukäserei Hirztaler, Dorfstraße 7a, 66557 Hirzweiler oder alternativ vom offiziellen Tourenstartpunkt an der Wandertafel am Sportplatz Welschbach, Rechwies, 66557 Welschbach

„Wieder einmal Landluft schnuppern mit allem, was dazugehört" ist die Devise des Erlebnisweges „Rund um das liebe Vieh", der durch die Kulturlandschaft des Illtals an Wiesen, Weiden und Bauerhöfen entlangführt und viel Informatives zu bieten hat.

Diese Tour bin ich bereits zwei Mal, jeweils mit einer größeren Gruppe, gelaufen, zuletzt Mitte Juli. Als Startpunkt wählten wir jeweils den Parkplatz hinter der Dorf- und Schaukäserei Hirztaler, da wir die Wanderung entweder mit einem Einkauf oder, wie bei der ersten Tour, mit einer Führung durch die Käserei verknüpft haben.

Dorf- und Schaukäserei Hirztaler:
2010 startete die Erfolgsgeschichte der Dorf-und Schaukäserei Hirztaler, als die Räume der ehemaligen Hirztaler Grundschule bezogen wurden. Hier wird seitdem Käse in höchster Qualität produziert. Mittlerweile bietet die Käserei diverse Käse-Sorten an, die nach wie vor durch handwerkliches, traditionelles Kä-

sen, ohne künstliche Aroma- bzw. Farbstoffe und ohne Geschmacksverstärker hergestellt werden. Die benötigte Milch wird zu fairen Preisen von Höfen aus der Region bezogen, die ihre Kühe artgerecht halten – von April bis November stehen sie auf der Weide.

Was eine Führung besonders interessant macht: Die Produktion in der Käserei ist im wahrsten Sinne des Wortes „gläsern", d.h. durch ein Schaufenster können alle Produktionsschritte, vom Pasteurisieren bis hin zur Käsepflege, mitverfolgt werden. Im Anschluss kann man einige der köstlichen Käse-Sorten probieren und im Hofladen einkaufen (Tipp: Kühlbox ins Auto stellen, damit der Käse auch nach der Wanderung noch schön frisch ist). Sofern es also die Temperaturen zulassen, dass die Hunde für ca. eine Stunde im Auto bleiben können, ist eine Führung (nach vorheriger Reservierung) absolut empfehlenswert.

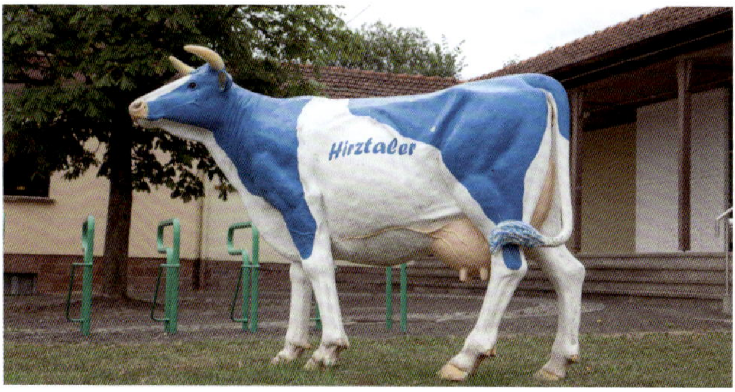

Der Erlebnisweg „Rund um das liebe Vieh" führt uns zunächst von der Dorfkäserei aus quer durch den Ort. Über einen geteerten Weg, vorbei an Weiden, geht es anschließend aufwärts zum Hexenberg. Es dauert nicht lange, bis wir den befestigten Weg verlassen und auf Wiesenpfaden weiterlaufen. Auf der Anhöhe finden wir eine schöne Aussichtsstelle, geschnitzte Tierfiguren und eine Schautafel vor, die uns über die ehemalige Kiesgrube Hirzweiler-Welschbach und deren heutige Nutzung als Biotop bzw. Lebensraum für viele Tier- und Pflanzenarten informiert.

Daneben wurden Tische und Bänke angebracht und wären wir nicht erst am Tourenanfang, könnten wir hier wunderbar rasten.
Wir passieren nur ein paar hundert Meter weiter das Gehege des Ziegenprojektes und schauen uns die neugierigen, zutraulichen Tiere genauer an. Nur die jungen und unerfahrenen Vierbeiner, die uns an diesem Tag begleiten, schnüffeln aufgeregt und überlegen, ob sie sich tatsächlich mit Herrchen und Frauchen näher an diese seltsamen Wesen heranwagen sollen. Abwärts folgen wir dann der Routen-Beschilderung und halten wenig später an einer weiteren Schautafel an. „Hör mal zu" fordert diese uns auf. Per Knopfdruck können wir den Stimmen der hier vorkommenden Vögel lauschen.

Etwas weiter macht die Strecke eine Linksbiegung und bringt uns auf einen geteerten Weg zwischen saftig grünen Wiesen, vorbei am Angelsportverein Hirzweiler und dessen dazugehörigem Fischweiher. Es befinden sich gerade keine Angler am Weiher, daher dürfen sich unsere Hunde – aufgrund der warmen Temperaturen – kurz im Wasser abkühlen. Wir freuen uns alle „wie dolle", als Klein-Daisy, eine Jack-Russell-Terrier-Dame, ihren ersten erfolgreichen Schwimmversuch, ganz ohne Boden unter den Pfoten, hinter sich bringt. Das ist für Hunde-Fans ungefähr so, wie wenn ein Kind das erste Mal läuft oder „Mama" sagt. Natürlich wird die Szenerie mit zahlreichen Handys gefilmt und sofort den daheim gebliebenen Hundeherrchen und -frauchen per WhatsApp geschickt – die umgehend Glückwünsche zum

Erwerb des „See-Pferdchens" schicken. Hunde-Freunde unter sich!

Gleich hinter der Fischerhütte des Angelsportvereins erregt eine nächste Mitmach-Möglichkeit meine Aufmerksamkeit. Am Modell einer Kuh kann man erste Melkversuche wagen. Wie's funktioniert, steht drauf und fast alle Mitwanderer testen kurz ihre Melk Qualitäten. Danach, immer noch auf dem asphaltierten Weg unterwegs, werden wir an der nächsten Weggabelung durch ein Schild um Rücksicht gebeten: Hunde sollen auf dem Weg bleiben und die landwirtschaftlichen Flächen nicht betreten. Selbstverständlich kommen wir dieser Aufforderung nach.

Großzügig sind sie, die Weiden-, Feld- und Wiesenflächen, die wir passieren. Zwischendrin immer wieder kleine Streuobstwiesen-Bereiche. Herrlich ruhig ist es hier. Ab und an ist neben dem Vogelgezwitscher das Muhen der Kühe zu hören, die zum Kastanienhof gehören. Ein Schild informiert über den Hof und die Familie, die ihn betreibt. Auch an allen übrigen Höfen, die am Erlebnisweg liegen, sind solche Info-Tafeln zu finden.

Bis zum Berghof bleibt der Weg asphaltiert und schlängelt sich moderat aufwärts durch die weite, in Sattgrün und Goldgelb getauchte Landschaft. Ein paar Schafe schauen neugierig zu uns rüber und Border Collie Oz träumt, glaube ich, von einer Karriere als Schafhüter. Nach ein paar Metern bergab haben wir den Berghof erreicht. Gegenüber ragen auch hier die großen hölzernen Tier-Skulpturen in den Himmel. Die daneben aufge-

stellten Panorama-Tafeln erleichtern uns die Orientierung. Von hier aus blicken wir auf Hirzweiler, Hüttigweiler und in weiter Ferne auch auf die Bergehalde des ehemaligen Bergwerks Göttelborn.

Es ist Zeit für eine kleine Rast, fast die Hälfte der Strecke liegt hinter uns. Wir packen unsere Verpflegung aus. Verfolgt von gierigen Hundeblicken, sind wir bereit, den einen oder anderen Brotkrümel abzugeben. Schließlich macht das Wandern auch die Vierbeiner hungrig!

Gemütlich marschieren wir anschließend zwischen dem Waldsaum und einem größeren Maisfeld bergab. Es folgt ein längerer Streckenabschnitt, der uns das Naturschutzgebiet „Täler der Ill und ihrer Nebenbäche" streifen lässt. Dank der Renaturierungsmaßnahmen ist es zu einem vitalen Auen-Ökosystem geworden, in dem auch Biber und Nerz wieder angesiedelt wurden. Noch an einem Damwild-Gehege vorbei, dann befinden wir uns schließlich auf einer Schleife, die uns für kurze Zeit durch den

Ort Hirzweiler führt. Die Verbindungsstraße, die von Hirzweiler nach Urexweiler führt, ist zu überqueren und es bahnt sich eine letzte längere Aufwärts-Passage an, die uns schnaufen lässt.

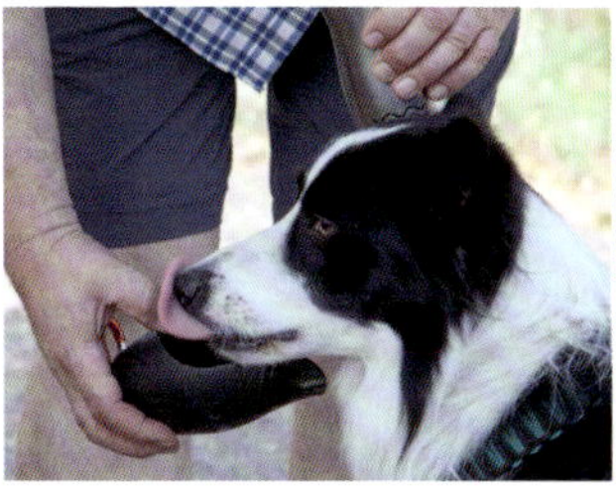

Unweit entdecken wir einen lustig aussehenden mobilen Hühnerwagen. Wir schauen den fröhlich gackernden Hühnern eine Weile zu, bevor wir uns hinauf zum Waldhof begeben. Auf einer Info-Tafel ist zu lesen, dass auf dem großen Hof von Familie Weber neben den vielen Holstein-Friesian-Kühen mit ihrer weiblichen Nachzucht auch einige Quarter Horses leben, die zur hobbymäßigen Pferdezucht der Familie gehören.

Etwas mehr als 9 Kilometer liegen hinter uns. Ein letzter Abschnitt entlang goldgelber Felder, dann geht es durch eine kurze, schattige Waldpassage auf die Zielgerade zurück zum Ausgangspunkt. Die Sportlerklause liegt am Weg (kurz vor Ortseingang) und wir entscheiden uns, dort zum Abschluss einzukehren.

Einkehrtipps:

Sportlerklause

Am Ortsrand von Hirzweiler, ideal am Ende des Erlebnisweges gelegen, befindet sich die Sportlerklause. Im Sommer kann man gemütlich draußen sitzen, im Winter drinnen in der einladenden Gaststube. Auf der Speisekarte stehen diverse Schnitzel-Variationen, Salate und einiges mehr. Sommer wie Winter ist die Einkehr mit Hund unproblematisch.

Tour-Bewertung:

Zu Recht wird hier von einem Erlebnisweg gesprochen. An vielen Weg-Punkten stehen Schau-Tafeln, die nicht nur informieren, sondern auch zum Nachdenken („Verbraucher haben die Macht") anregen. Der 11,9 Kilometer lange Erlebnisweg „Rund um das liebe Vieh" ist gut durchdacht und sorgt in kurzen Abständen für viele Eindrücke und allerlei Tierisches in der wunderbaren Landschaft rund um Hirzweiler. Viele gepflegte Rastmöglichkeiten laden unterwegs zu gemütlichen Pausen ein. Die Tour ist einfach und für diejenigen, denen 12 Kilometer Wanderstrecke zu viel sind, bieten sich mehrere Abkürzungen an.

Unterwegs gibt es leider keine Wasserstellen, mal abgesehen vom Fischweiher des Angelsportvereins. Dort ist man aber, verständlicherweise, wenn geangelt wird, kein gern gesehener Gast mit „schwimmbereiten" Hunden. Wasser für die Hunde muss daher ausreichend in den Rucksack eingepackt werden. Die Strecke verläuft in großen Teilen über asphaltierte Wege, daher sollte sie nicht gerade an Hochsommer-Tagen gelaufen werden, um Verbrennungen an den Hunde-Pfoten zu vermeiden.

Hinsichtlich Leinenführigkeit und Trittsicherheit gibt es keine besonderen Anforderungen. Für ältere Hunde ist die Strecke nur bedingt geeignet, wegen der überwiegend geteerten Wege und da schattige Waldpassagen eher die Ausnahme sind.

Einkehrmöglichkeiten kompakt:

Sportlerklause Hirzweiler, Am Zimmerplatz, 66557 Hirzweiler Tel.: 06825-1424, Öffnungszeiten: Mo, Mi bis Sa täglich ab 15 Uhr, an Sonn- und Feiertagen ab 10 Uhr, Ruhetag: Di

Weitere nützliche Adressen:

Dorf- und Schaukäserei Hirztaler, Hirztaler® GmbH & Co. KG, Dorfwaldstraße 7a, 66557 Illingen/Hirzweiler, Tel.: 06825-4060740, www.hirztaler.de

Gemeinde Illingen, Hauptstraße 86, 66557 Illingen, Tel.: 06825-4090, www.illingen.de. Unter www.illingen.de/kultur-und-freizeit/sehenswuerdigkeiten/erlebnisweg-rund-ums-liebe-vieh-und-hirztaler-schaukaeserei/ kann der offizielle Tourenflyer mit der Streckenbeschreibung heruntergeladen werden.

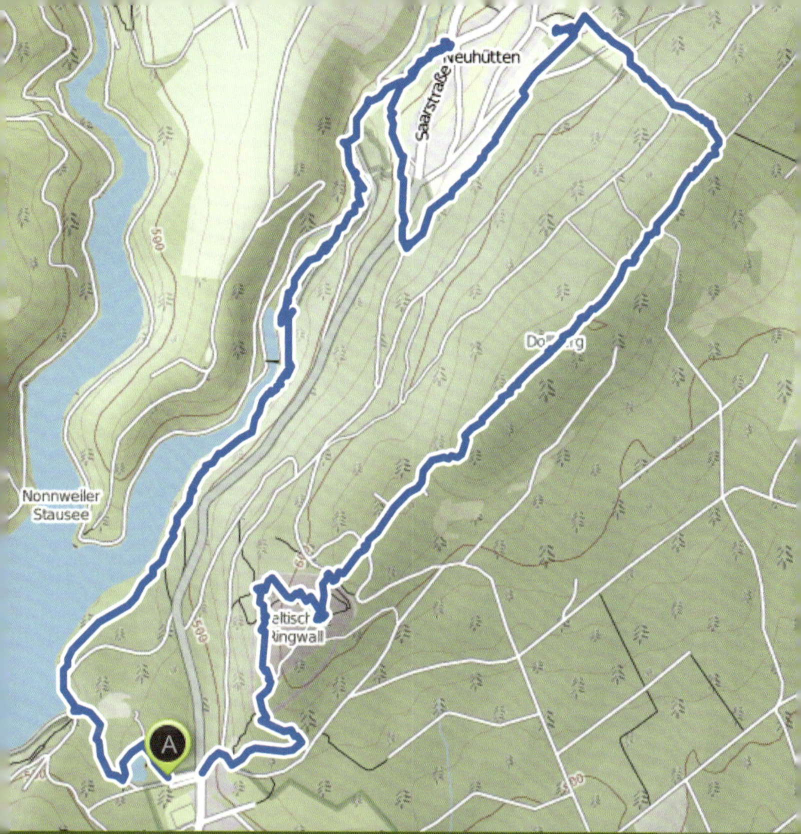

Landkreis St. Wendel

Dollbergschleife

17

Strecken-Länge	*16 km*
Dauer	*4-5 Stunden*
Schwierigkeitsgrad	🐾🐾 (von 3)
Wasserstellen unterwegs	*ja*
Leinenführigkeit	*von Vorteil*
Bodenbeschaffenheit	*überwiegend Wald-, Wiesen-, Schotterwege*
Überquerung von Straßen	*ja*
Trittsicherheit	*von Vorteil*
Für fitte Senioren-Hunde	*bedingt*
Einkehr an der Strecke	*ja*
Strecken-Bewertung	4 von 5 Knochen

Start: Waldparkplatz, Ringwallstraße, 66620 Otzenhausen

Halb im Saarland, halb in Rheinland-Pfalz ist der Wanderer auf der Dollbergschleife unterwegs, die zu den Traumschleifen Saar-Hunsrück zählt. Die vielfältige Tour bietet neben der wunderbaren Natur entlang der Talsperre Nonnweiler und rund um den Dollberg eine Vielzahl an weiteren Highlights, wie den keltischen Ringwall Otzenhausen, den keltischen Skulpturenweg oder auch den Züscher Hammer.
Wer eine etwas anspruchsvollere, aber sehr abwechslungsreiche Tour wandern möchte, den wird die Dollbergschleife beeindrucken. Zu sechst mit acht Vierbeinern testen wir Ende Mai diese Wanderstrecke. Los geht es am Wanderparkplatz in Otzenhausen. Dort gibt es genügend Parkplätze, auch für größere Wandergruppen.

Leicht bergab wandern wir in Richtung Talsperre Nonnweiler. Wir sind für ca. einen Kilometer auf gut angelegten Waldpfaden unterwegs und passieren dabei einen kleinen Weiher. Der Bachlauf des Koppbruchbaches begleitet uns ein Stück des Weges, bis wir die Talsperre erreichen. Die Talsperre Nonnweiler ist das größte Wasser-Reservoir der Gegend. Sie hat eine Wasseroberfläche von rund einem Quadratkilometer, ist rund 60 Meter tief, hat ein Fassungsvermögen von etwa 20 Millionen Kubikmeter und eine Länge von 306 Metern.

Ab hier sind wir für einige Zeit auf dem gepflegten Seerundweg unterwegs, von dem man einen traumhaften Blick auf den in die idyllische Hochwaldlandschaft eingebetteten Stausee hat. Leider muss es beim Anblick von oben bleiben, denn der Zutritt zur Wasserfläche ist wegen der Nutzung des Speichers zur Trinkwasserversorgung nicht erlaubt. Der Streckenverlauf lässt uns wenig später scharf links abbiegen, führt bergab, um sich dann nach einer Rechtsbiegung auf kleineren, dicht bewachsenen Trampelpfaden weiterzuschlängeln. Der romantische Lauf des Altbachs begleitet uns ab hier und unsere Hunde hüpfen immer wieder vergnügt ins erfrischende, kühle Wasser. Mehrfach sind kleine Holzbrücken zu überqueren.

Knapp vier Kilometer haben wir hinter uns, als wir den Züscher Hammer, ein Industriedenkmal, erreichen. Wir gönnen unseren Hunden eine kurze Schwimmrunde in dem kleinen Weiher, der sich ganz in der Nähe befindet, während wir uns auf der hier angebrachten Info-Tafel ausführlich über den Züscher Hammer informieren. Es handelt sich um das größte im Hunsrück befindliche Eisenhüttenwerk des 17. Jahrhundert und umfasste ein Pochwerk, eine Schmelze, einen Eisenhammer und eine Holzkohlenscheuer. Jeden ersten Samstag und Sonntag im Monat (von 14 bis 17 Uhr) kann man das rekonstruierte, von Wasser angetriebene Hammerwerk sowie diverse Ausstellungsgegenstände zur Eisenverarbeitung besichtigen.

Wir folgen einem farnbewachsenen Naturpfad, passieren eine weitere Holzbrücke über den Altbach und gelangen erneut auf einen gepflegten Schotterweg. Jedoch nur kurz, denn wenig später biegt die Dollbergschleife wieder rechts ab. Nun geht es bergan auf einem Wiesenpfad weiter. Oben angekommen zeigt ein Schild an, dass sich in der Nähe das Restaurant „Le Temple" befindet. Es liegt zwar nicht direkt an der Wegstrecke, wir entscheiden uns jedoch, zu dem nur wenige Minuten entfernten Hotel-Restaurant in Neuhütten zu marschieren. Trotz Wander-Outfit und Hunde-Begleitung werde ich freundlich begrüßt, als ich mich in dem mit einem Michelin-Stern ausgezeichneten Gourmet-Restaurant über Hunde-Freundlichkeit informiere. „Hunde sind im Bistro oder Restaurant willkommen", teilt man mir am Empfang mit. Mit dieser Auskunft begeben wir uns zufrieden zurück auf unsere Tour.

Nun folgt eine Schleife durch den Wald, vorbei an einigen am Ortsrand von Neuhütten befindlichen Häusern. Wir überqueren die Saarstraße und sind leicht bergauf unterwegs in Richtung Köhlerhütte. Wir haben nun ziemlich genau die Hälfte der Strecke hinter uns und kehren in dem gemütlichen Biergarten für eine kurze Rast ein. Kühle Getränke kommen gerade recht, denn anschließend folgt eine längere Aufwärtspassage, vorbei an einer blühenden Wiesenlandschaft, die im Winter als Skipiste dient. Etwa zwei Kilometer liegen vor uns, bis wir ganz oben

auf dem Dollberg – der höchsten Erhebung des Saarlandes mit 695,4 Metern – ankommen. Wunderbar abwechslungsreich ist die Waldstrecke, auf der wir uns nun befinden. Mal auf breiten Wegen, mal auf verwurzelten Trampelfaden sind wir in Richtung des keltischen Ringwalls in Otzenhausen unterwegs. Doch bevor wir die „Steinerne Treppe" hoch zum Wall erreichen, passieren wir erst noch eine Walderkundungs-Station. Der BUND-Saar informiert hier ausführlich über sein Projekt zur Rettung der Wildkatzen.

Nur wenig später geht es die Stufen hoch auf den in Volksmund auch „Hunnenring" genannten Ringwall. Für einige kleinere, ältere Hunde sind die Stufen mühsam zu erklimmen, daher tragen wir sie kurzerhand hoch. Von hier oben hat man einen wunderbaren Blick über die weitläufige Waldlandschaft. Nur in der Ferne sind einige Windkrafträder zu sehen. Dieser Ort hat etwas Magisches und wir verweilen hier noch einige Zeit. Der keltische Ringwall Otzenhausen ist eine der mächtigsten und eindrucksvollsten keltischen Befestigungsanlagen in Europa. Erbaut wurde er im ersten Jahrhundert vor Christus zum Schutz gegen die Römer. Wer mehr darüber erfahren möchte, findet unterhalb des Walls eine Schau-Tafel mit umfangreichen Informationen. Nur wenige Minuten später erreicht man das nächste Touren-Highlight, den keltischen Skulpturenweg „Cerda & Celtoi". Künstler aus 15 europäischen Staaten erschufen zwischen 2005 und 2007 die 18 Skulpturen, die entlang des 6 Kilometer langen Weges aufgestellt wurden. Der Weg soll Interessierte auf eine Reise in die Vergangenheit mitnehmen, um ihnen die keltische Kultur zu vermitteln. Wir erleben auf unserer Route nur einen kleinen Teil der mystisch wirkenden Figuren, von denen eine ganz besondere Wirkung ausgeht. Auf dem folgenden Kilometer schlängelt sich die Dollbergschleife stetig bergab über schmale, verwurzelte Waldwege. Wir erreichen eine Stelle mit einem wunderbaren Blick auf die Talsperre Nonnweiler. Eine Sinnesbank wurde perfekt so positioniert, dass man verweilen und den Blick ausgiebig schweifen lassen kann. Die zahlreichen aufgestellten Stein-Türmchen deuten an, dass wohl viele weitere Wanderer sich gerne an dieser Stelle aufhielten.

Auf dem letzten Streckenabschnitt folgt eine anspruchsvolle, steile Bergab-Passage. Vorsicht ist aufgrund der vielen Steine geboten, auf denen man leicht ins Rutschen kommt. Eine gute Trittsicherheit beim Zweibeiner und eine ordentliche Leinenführigkeit beim Hund sind von Vorteil. Nur noch 1,5 Kilometer über gut befestigte Wege folgen und wir erreichen den Ausgangspunkt. Direkt in der Nähe des Wanderparkplatzes befindet sich das Restaurant Trattoria Keltika, in das wir mit unseren Hunden einkehren. Nach der anstrengenden, aber wunderschönen Tour knurrt uns nun ordentlich der Magen.

Einkehrtipps:

Trattoria Keltika

Das Restaurant bietet eine gute italienische Küche und ist aufgrund seiner günstigen Lage – unweit des Wanderparkplatzes – eine perfekte Einkehrmöglichkeit für Wanderer. Das Servicepersonal ist sehr freundlich und die von uns ausgewählten Speisen sind alle sehr lecker. Salate, Pasta, Pizza, vegetarische Gerichte – hier findet jeder etwas auf der kleinen, aber gut zusammengestellten Speisekarte.

Einkehrmöglichkeiten kompakt:

Köhlerhütte, Dollbergstraße, 54422 Neuhütten, Tel.: 06503-2286, Öffnungszeiten: Mi, Fr, Sa ab 15 Uhr, So, feiertags ab 10 Uhr, für Gruppen auch nach Voranmeldung

Trattoria Keltika, Ringwallstraße 99, 66620 Nonnweiler, Tel.: 06873-992511, Öffnungszeiten: Di bis Sa von 17.30 bis 22 Uhr, So von 12 bis 14 und 17.30 bis 22 Uhr, Ruhetag: Mo

LE TEMPLE, Saarstraße 2, 54422 Neuhütten, Tel.: 06503-7669, www.le-temple.de, Öffnungszeiten: Mo, Di, Do, Fr, Sa von 18.30 bis 22 Uhr, So von 12 bis 14 und 18 bis 22 Uhr, Ruhetag: Mi

Tour-Bewertung:

Nicht nur aufgrund der Streckenlänge ist die Dollbergschleife eine eher anspruchsvolle, mittelschwere Tour, die jedoch mit vielen Highlights lockt. Festes Schuhwerk zahlt sich aus, nicht nur beim Passieren des „Hunnenrings", sondern spätestens beim Abstieg vom Dollberg über Stock und Stein. Auf dieser Passage ist gute Leinenführigkeit von Vorteil, damit man sich ganz auf seine eigene Trittsicherheit konzentrieren kann. Auf der ersten Hälfte der Tour gibt es immer wieder kleine Bäche und Weiher, an und in denen sich die Hunde erfrischen können. Für den weiteren Touren-Verlauf sollte man auf jeden Fall ausreichend Wasser im Rucksack haben. Zwei Mal ist das Überqueren einer Straße notwendig.

Weitere nützliche Adressen:

Tourist Info Nonnweiler, Trierer Straße 9, 66620 Nonnweiler, Tel.: 06873-66076, www.nonnweiler.de, Öffnungszeiten: Mo bis Mi von 8.30 bis 12 und 13.30 bis 15.30 Uhr, Do von 8.30 bis 12 und 14 bis 18 Uhr, Fr 8.30 bis 12 Uhr

Die Dollbergschleife gehört zu den Traumschleifen Saar-Hunsrück, weitere Informationen gibt es daher auch unter www.saar-hunsrueck-steig.de oder direkt beim: Projektbüro Saar-Hunsrück-Steig, Zum Stausee 198, 66679 Losheim am See, Tel.: 06872-9018100, Öffnungszeiten: November bis März: Mo bis Fr von 8.30 bis 16.30 Uhr, Sa, So und Feiertag von 11 bis 15 Uhr,

April bis Oktober: Mo bis Fr von 8.30 bis 17 Uhr, Sa, So und Feiertag von 10 bis 16 Uhr

Tourist-Information Hermeskeil, Langer Markt 30, 54411 Hermeskeil, Tel.: 06503-95350, www.hermeskeil.de, Öffnungszeiten: Mo bis Fr 10 bis 12 Uhr und 14 bis 17 Uhr, Sa von 10 bis 12 Uhr (vom 1. Oktober bis 31. März samstags geschlossen). Hier erhalten Sie Infos bezüglich Führungen durch die historische Anlage des Züscher Hammers.

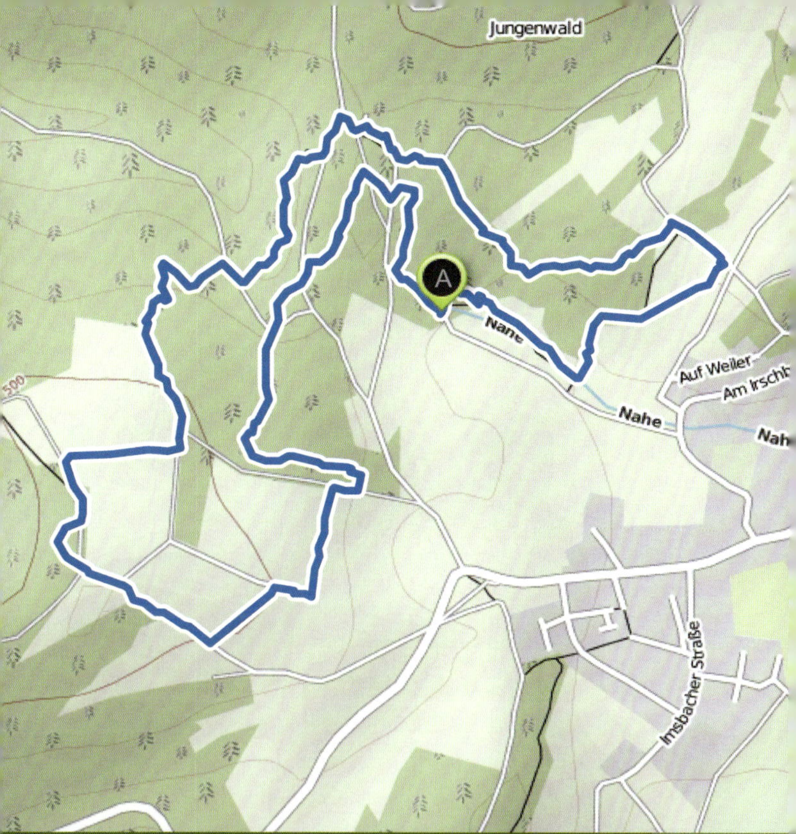

Landkreis St. Wendel

Nahequellepfad

18

Strecken-Länge	*5,7 km*
Dauer	*2 Stunden*
Schwierigkeitsgrad	
Wasserstellen unterwegs	*ja*
Leinenführigkeit	*keine besondere Anforderung*
Bodenbeschaffenheit	*Wald-, Wiesen-, Schotterwege*
Überquerung von Straßen	*nein*
Trittsicherheit	*keine besondere Anforderung*
Für fitte Senioren-Hunde	*ja*
Einkehr an der Strecke	*nein*
Strecken-Bewertung	

Start: Parkplatz an der Nahequelle, Zur Nahequelle, 66625 Nohfelden-Selbach

Lust auf einen kurzen Wander-Genuss in traumhaft schöner Natur? Dann auf ins St. Wendeler Land zum Premiumweg Nahequelle-Pfad. Nach dem Start an der Nahequelle stehen schattige Waldpassagen, blühende Wiesenabschnitte, tolle Aussichtspunkte mit Weitblick und gepflegte Rastpunkte auf dem Programm der kurzweiligen Tour. Zahlreiche Erlebnisstationen und das Wildgehege in Selbach runden das Wandervergnügen ab.

Ein Sonntag im Juli, früher Nachmittag. Eigentlich schon zu spät zum Wandern. Ich schaue mir die Liste der im Saarland vorhandenen Premiumwege durch und werde fündig. Kurzentschlossen landen Hunde und Rucksäcke im Auto und los geht es nach Selbach. Dort lockt der Nahequelle-Pfad mit seiner kurzen – sozusagen nachmittagstauglichen – Streckenführung über 5,7 Kilometer. Ohne größere Pausen ist er in gut 2 Stunden zu wandern.

Am Startpunkt befindet sich ein kleiner Parkplatz, kurz dahinter eine Schutz- bzw. Grillhütte mit sauberer Toiletten-Anlage. Von hier aus erreicht man nach gerade mal 100 Metern die Nahequelle. Die Nahe legt ab hier 112 Flusskilometer – von Selbach bis zur Mündung in den Rhein – zurück und überwindet dabei einen Höhenunterschied von 383 Metern. Leicht bergauf geht es anschließend mal auf schmalen, mal auf breiteren Waldwegen weiter. Immer wieder sind kleine Brücken und Stege zu überqueren. Für Kinder wurden auf diesem Streckenabschnitt zahlreiche Walderkundungs-Stationen aufgebaut. Jede von ihnen wird natürlich auch von unseren Hunden intensiv beschnüffelt und begutachtet.

Nach etwa 1,4 Kilometern treten wir aus dem Wald heraus. Entlang blühender Wiesen und Felder führt uns der Nahequelle-Pfad zu zwei Aussichtspunkten. Sitzbänke wurden hier so aufgestellt, dass man gerne eine Zeitlang verweilt und den Panoramablick genießt. Wer am (zweiten) Aussichtspunkt „Sengert" – den man nach ca. 2 Kilometern erreicht – eine kleine Pause auf der dortigen Sinnesbank einlegt und in die Ferne schaut, kann weite Teile des Saarlandes überblicken. Ein schöner Ort! Ein schmaler Pfad führt uns anschließend für kurze Zeit wieder durch den schattigen Wald, der sich ca. 200 Meter weiter wieder öffnet. Die abwechslungsreiche Wegführung sorgt dafür, dass sich diese Region erneut von ihrer schönsten Seite zeigt. Nach ca. 4,7 Kilometer nähern wir uns wieder dem Ort Selbach. Wir erleben auf dem letzten Abschnitt der Tour schöne

Streuobstwiesen, einen Bienenlehrpfad und zuletzt das Wildgehege Selbach, das sich unweit von unserem Startpunkt befindet. Bis wir zurück zum Auto gelangen, passieren wir neben den Tiergehegen einen Bücherbaum, ein liebevoll gestaltetes Insektenhotel und einen Bienenschaukasten, dessen Tür wir neugierig öffnen, um das tüchtige Bienenvolk hinter einer Glasscheibe beobachten zu können. Wenig später erreichen wir wieder die Schutzhütte am Parkplatz und beenden die kleine, sehr vielfältige Wandertour.

Einkehrtipps:

Entlang der Strecke gibt es keine Einkehrmöglichkeiten. Wem nach dem Wandern der Magen knurrt, dem empfehle ich den Abstecher ins Restaurant des 6 Kilometer entfernten Hotels Hofgut Imsbach (Restaurant-Info siehe Offizierspfad, S.185).

Einkehrmöglichkeiten kompakt:

Restaurant Hotel Hofgut Imsbach, Hofgut Imsbach 1, 66636 Tholey / Theley, Tel.: 06853-50140, www.hofgut-imsbach.de, Öffnungszeiten: Mo bis Sa von 17.30 Uhr bis 22.30 Uhr, So von 6.30 Uhr bis 18.00 Uhr (Küche von 12 bis 14 Uhr), feiertags von 6.30 Uhr bis 22.30 Uhr (Küche von 12 bis 14 Uhr und 17.30 bis 22.30 Uhr), Ruhetag: Sonntagabend

Tour-Bewertung:

Der Nahequelle-Pfad ist ideal für ein kurzes Wander-Vergnügen bzw. für Wander-Einsteiger. Er ist leicht zu wandern, bietet aber in seiner Vielfältigkeit dennoch alles, was das Herz von Natur-Begeisterten höher schlagen lässt. Unterwegs passiert man zwar die Nahequelle und einige kleinere Bachläufe, Wasser für den Hund würde ich dennoch mitnehmen, da gerade im Hochsommer einige davon ausgetrocknet sein könnten. Für fitte Hunde-Senioren sollte die knapp 5,7 Kilometer lange Strecke gut zu meistern sein.

Weitere nützliche Adressen:

Gemeinde Nohfelden, Tourismus, An der Burg, 66625 Nohfelden, Tel.: 06852-8850, www.nohfelden.de

Tourist-Information Sankt Wendeler Land, Am Seehafen, 66625 Nohfelden-Bosen, Tel.: 06852-90100, www.sankt-wendeler-land.de, Öffnungszeiten: innerhalb der Saison von Karfreitag bis zum 3. Oktober jeweils Mo bis Fr von 8 bis 17 Uhr, Sa von 13 bis 17 Uhr, So u. Feiertage von 10 bis 17 Uhr, Juni, Juli und August: Mo bis Fr von 8 bis 18 Uhr, außerhalb der Saison vom 4. Oktober bis Gründonnerstag, Mo bis Do von 8 bis 16 Uhr, Fr von 8 bis 14.30 Uhr

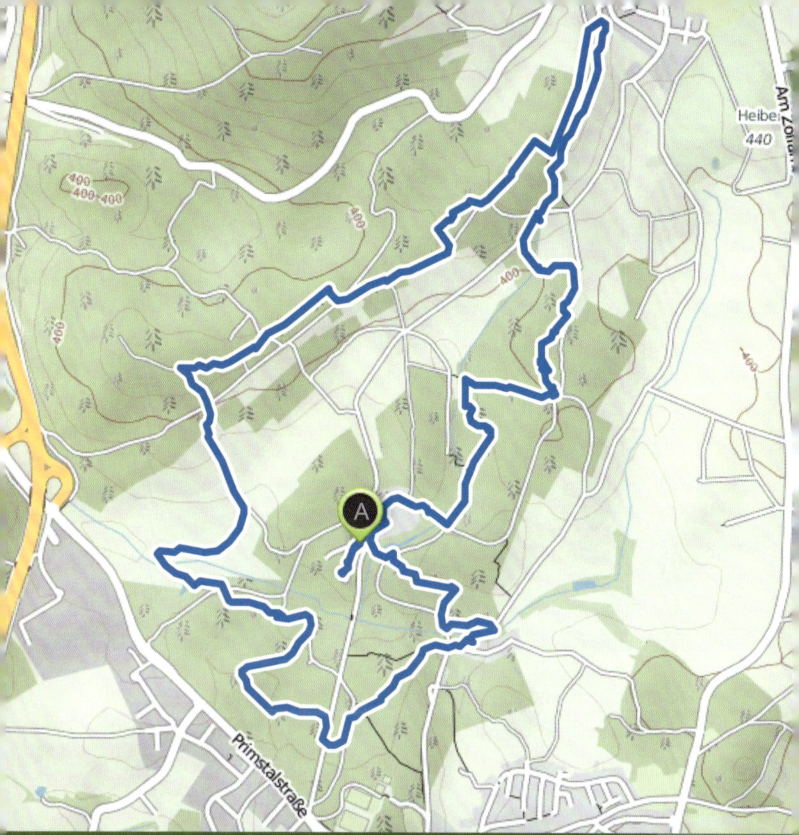

Landkreis St. Wendel

Offizierspfad

19

Strecken-Länge	*12,8 km*
Dauer	*3,5 Stunden*
Schwierigkeitsgrad	1 von 3 Pfoten
Wasserstellen unterwegs	*ja*
Leinenführigkeit	*keine besondere Anforderung*
Bodenbeschaffenheit	*Wald-, Wiesen-, Schotterwege*
Überquerung von Straßen	*ja*
Trittsicherheit	*keine besondere Anforderung*
Für fitte Senioren-Hunde	*ja*
Einkehr an der Strecke	*ja*
Strecken-Bewertung	4 von 5 Knochen

Start: Parkplatz am Hofgut Imsbach 1, 66636 Tholey-Theley

Historische Gebäude, traumhaft schöne Wald-, Wiesen- und Weidelandschaften, herrliche Ausblicke, Kulinarisches direkt an der Strecke – das und vieles mehr hat der Offizierspfad zu bieten. Eine wunderbare Tour für alle Genuss-Wanderer!

Vom Treffpunkt – dem Parkplatz am Hofgut Imsbach – aus starten wir unsere Wanderung über den Offizierspfad. Es ist Anfang August und wir sind mit 7 Personen und 8 Vierbeinern unterwegs. Unsere erste Station ist die kleine Hofkapelle, die sich auf einer Anhöhe vor dem Hofgut befindet.

Gut und Kapelle haben eine bewegte Geschichte, die bis ins Mittelalter zurückreicht. Das Hofgut Imsbach ist eines der ältesten Kulturdenkmäler im Saarland – urkundlich zum ersten Mal erwähnt im Jahre 1310. 1812 schenkte Napoleon es an seinen Offizier Charles Louis Narcisse Lapointe (1773-1855), als Dank für dessen militärische Verdienste. Er und seine Nachfahren besaßen Gut und Ländereien bis zum Jahre 1930 und prägten maßgeblich das heutige Bild. Die Hofkapelle ließ Bertha Willhelmine Lapointe, geborene Böcking, 1904 für ihren verstorbenen Gatten Louis Albert errichten, in deren Gruft er seine letzte Ruhestätte fand – ebenso wie sie selbst und die Überreste der Gebeine von Charles Louis Narcisse Lapointe. Kaum zu glauben, dass sich in dem stilvollen denkmalgeschützten Gebäudekomplex zwischen 1953 und 1965 eine Justizvollzugsanstalt befand. Erst ab 1987 wurde das Hofgut zum Ökologiezentrum ausgebaut und 2007 ging es mit dem 110 Hektar großen Landschaftspark in das Eigentum der Naturlandstiftung Saar über. Heute beherbergen die altehrwürdigen Mauern unter anderem das Hotel Hofgut Imsbach. Die Guts-Kapelle wurde erst zwischen 2005 und 2007 umfangreich restauriert und erstrahlt seitdem in neuem Glanz. Sie wird heute – als Außenstelle des Standesamtes Tholey – gerne für standesamtliche Trauungen genutzt.

Nach unserem kurzen Aufenthalt an der Kapelle führt uns die Route des Offizierspfades mitten durch das Hofgut, vorbei an den Rinder-Stallungen. Es geht kurz bergauf und wir verlassen das Gutsgelände. Wenig später findet man hier den Hinweis auf die „Imsbach Promenade". Es handelt sich dabei um eine perfekte Sonntagnachmittags-Tour, wenn es keine ausgedehnte Wanderung über den Offizierspad sein soll. Der Rundweg führt über eine Stecke von 4,7 Kilometern auf gut befestigten Wegen durch den Landschaftspark rund um das Hofgut.

Wir passieren einen kleinen Weiher sowie den Mandelbach und sind in Richtung Petereiwald unterwegs. Wir tauchen ein in die schöne Waldlandschaft, zuerst über einen befestigten Weg, dann über schmale Pfade. Alte Grenzsteine sind Zeugen der Grenze zwischen dem einstigen Saargebiet und dem Deutschen Reich, die hier von 1919 bis 1935 verlief. Eine Info-Tafel weist uns darauf hin, dass wir uns nun im „Röteldistrikt" zwischen Theley und Selbach befinden, dem wohl ausgedehntesten Rötellager im Saarland. Rötel in bester Qualität wurde hier bis 1880 gewonnen und überwiegend zum Schutz für Schiffsplanken und in der Malerei verwendet. Rötelkrämer belieferten damit halb Europa.

Nach fast 3 Kilometern Wegstrecke wandern wir nun über ein kurzes Stück den Waldsaum mit Blick auf ausgedehnte Felder entlang. Zurück im schattigen Wald passieren wir erneut den Mandelbach. Kleine Stege und Brücken sind zu überqueren. Wir gelangen anschließend zum Bruderborn, wo sich zwei Quellarme zu einem Bachlauf verbinden und der Imsbach entspringt. Der natürliche Bachlauf bildet gleichzeitig die Grenze

zwischen den Gemeinden Tholey und Nohfelden. Den schönen Rastplatz am Bruderborn nutzen wir für eine kurze Pause, in der sich unsere Hunde mit dem kühlen Quellwasser erfrischen können.

Leicht bergan leiten uns schmale Waldpfade weiter in Richtung Selbach. Kurz bevor wir den Ortsrand erreichen, genießen wir den herrlichen Weitblick bis hin zum Schaumberg. Vor den ersten Häusern verläuft die Route scharf links hinauf auf eine Anhöhe. Von hier aus führt uns der Tourenverlauf durch den Kreuzwald, anschließend in Richtung Katharinenwald. Immer wieder wechseln kurze Wald-Passagen und freie Flächen mit herrlichen Panoramablicken ab. Zwei schöne Rastpunkte an exponierter Stelle laden unterwegs zum Verweilen und Innehalten ein. Ob über breite befestigte Waldwege, über schmale, verwurzelte Trampelpfade, entlang blühender Wiesen und vorbei an großzügigen Viehkoppeln – der Offizierspfad zeigt sich in einer wunderbaren Vielfalt.

Kurz bevor wir zur einzigen, etwas steileren Bergab-Passage gelangen, passieren wir weitere Grenzsteine, die uns auf den historischen Grenzverlauf des Hofgutes Imsbach zur Gemarkung Mettnich hinweisen. Nach ca. 8,8 Kilometern überqueren wir den Imsbach, um wenig später einen kleinen Teich zu erreichen, den unsere Hunde gerne für eine Schwimmrunde zur Abkühlung nutzen. Die letzte Schleife führt uns nun durch den Haneckerwald, der stellenweise recht verwunschen wirkt.

Wir erreichen einen weiteren schönen Rastpunkt, kurz bevor wir die Napoleon-Eiche passieren. Auf der davor angebrachten Info-Tafel ist zu lesen, dass es sich dabei um einen ca. 300 Jahre alten historischen Grenzbaum handelt, der zusammen mit den Grenzsteinen zur Markierung der Grenzlinie diente. Auf der „Zielgeraden" zu unserer ersten Einkehr im Landgasthof Johann-Adams-Mühle überqueren wir die Zufahrtstraße zum Hofgut Imsbach und wandern durch ein ca. 1 Kilometer langes Waldstück, bevor wir unsere Mittagspause an der idyllisch gelegenen Mühle einlegen. Wir haben Glück und ergattern den einzig freien Tisch im gemütlichen Biergarten (bitte Hinweis bei Einkehrtipps beachten), inmitten des historischen Gebäude-Komplexes, in dem sich der Landgasthof, ein Aus-

stellungsraum und auch das Heimatmuseum befinden. Bei der Johann-Adams-Mühle handelt es sich um eine der letzten erhaltenen Mühlen im Saarland mit mittelalterlicher Mahlstube. Urkundlich erstmals 1589 erwähnt, geht das heutige Erscheinungsbild auf das Jahr 1735 zurück. Die unter Denkmalschutz stehenden Mühlen-Gebäude wurden 1983 von der Gemeinde Tholey erworben und originalgetreu restauriert.

Gerade mal etwas mehr als einen Kilometer müssen wir nach dem Mittagessen zurücklegen, um zum Startpunkt – dem Hofgut Imsbach – zurückzugelangen. Der abschließende Streckenabschnitt lässt uns den Imsbach ein letztes Mal überqueren, an Schafskoppeln vorbeiwandern und dem kurzen Waldpfad folgen, der uns zum Gutsweiher bringt. Malerisch spiegelt sich der etwas oberhalb liegende Gutshof in der Wasseroberfläche des Weihers. Die schöne Tour, das perfekte Wetter und die gute Laune bei Zwei- und Vierbeiner veranlassen uns, im Hotel-Restaurant eine weitere Einkehr-Pause einzulegen – Zeit für Kaffee und leckeren Kuchen zum Touren-Abschluss.

Einkehrtipps:

Landgasthof Johann-Adams-Mühle

Traumhaft schön liegt der Landgasthof in dem kleinen Wiesental bei Tholey, zwischen einigen wenigen Wohnhäusern. Er ist nicht nur bei Wanderern und Ausflüglern beliebt. Winters wie sommers, vor allem zur Biergarten-Zeit, können freie Plätze zur Mangelware werden. Für Hundebesitzer ist eine Einkehr nur zur Biergarten-Saison möglich, denn seit 2014 dürfen Hunde nicht mehr mit in den Gastraum hinein, wie auf dem Schild an der Eingangstür zu lesen ist.
Wir quetschen uns mit unseren Hunden an diesem schönen August-Tag an den einzig freien kleinen Tisch. Von der Mühlenkarte probieren wir diverse Gerichte. Alles in allem lecker und zu einem guten Preis-Leistungs-Verhältnis.

Restaurant Hotel Hofgut Imsbach

Im tollen Ambiente des Hofguts Imsbach sind in dem modern eingerichteten Restaurant, auf der Terrasse, wie auch im lounge-artigen Biergarten-Bereich Hunde gern gesehene Gäste, wie ich auf Nachfrage erfahre. Wir nehmen Platz im Biergarten und genießen in der Nachmittagssonne zum Abschluss unserer Wandertour Latte Macchiato, Espresso und die leckere Kuchen-Auswahl. Das freundliche Service-Personal bringt uns sofort eine Wasserschüssel für die Hunde und sammelt damit natürlich bei uns Pluspunkte. An fast allen besetzten Nachbar-Tischen ist mindestens ein Hund dabei. Für die Wanderer, die außerhalb der Küchenzeiten im Restaurant einkehren, gibt es das kleine Wander-Arrangement mit zwei Weizenbier, Brezeln, Butter, Quark und Käse. Auf der kleinen Speisekarte stehen aber auch Pizza und Flammkuchen. Ist die Küche geöffnet, kann man aus der regulären Speisekarte aus einer Vielzahl an Gerichten auswählen, bei deren Herstellung auf Verwendung von Produkten hoher Qualität und Regionalität sehr viel Wert gelegt wird.

Einkehrmöglichkeiten kompakt:

Restaurant Hotel Hofgut Imsbach; Hofgut Imsbach 1, 66636 Tholey / Theley, Tel: 06853- 50140, www.hofgut-imsbach.de, Öffnungszeiten: Mo - Sa von 17.30 Uhr bis 22.30 Uhr, So von 6.30 Uhr bis 18.00 Uhr (Küche von 12 bis 14 Uhr), feiertags von 6.30 Uhr bis 22.30 Uhr (Küche von 12 bis 14 Uhr und 17.30 bis 22.30 Uhr), Ruhetag: Sonntagabend

Landgasthof Johann-Adams-Mühle, Zur Johann-Adams-Mühle 1, 66636 Theley, Tel.: 06853-961696, www.landgasthof-johann-adams-muehle.de, Öffnungszeiten: täglich ab 10 Uhr

Tour-Bewertung:

Der abwechslungsreiche Offizierspfad verspricht Wandergenuss pur! Die Strecke kann als leicht eingestuft werden, sie erfordert höchstens aufgrund ihrer Länge von 12,8 Kilometern eine gewisse Wander-Kondition. Hinsichtlich Trittsicherheit gibt es bei Mensch und Hund keinerlei besondere Anforderungen, daher ist der Offizierspfad sicherlich auch für Wander-Einsteiger gut geeignet. Die Tour verläuft überwiegend über schattige Waldwege, Wiesen- oder Schotterwege und in Kombination mit den vielen Abkühlungs- und Erfrischungsmöglichkeiten sowie den zahlreichen, sehr schön angelegten Rastpunkten ist der vom Deutschen Wanderinstitut zertifizierte Premiumweg auch sehr gut für rüstige Hunde-Senioren zu bewältigen. Eine rundum schöne Wandertour – sehr zu empfehlen!

Weitere nützliche Adressen:

Tourist-Information Tholey, Am Kloster 1, 66636 Tholey, Tel.: 06853-5080, www.tholey.de

Tourist-Information Sankt Wendeler Land, Am Seehafen, 66625 Nohfelden-Bosen, Tel.: 06852-9010-0, www.sankt-wendeler-land.de, Öffnungszeiten: Innerhalb der Saison von Karfreitag bis zum 3. Oktober jeweils Mo bis Fr von 8 bis 17 Uhr, Sa von 13 bis 17 Uhr, So u. Feiertage von 10 bis 17 Uhr, Juni, Juli und August: Mo bis Fr von 8 bis 18 Uhr, außerhalb der Saison vom 4. Oktober bis Gründonnerstag, Mo bis Do von 8 bis 16 Uhr, Fr von 8 bis 14.30 Uhr

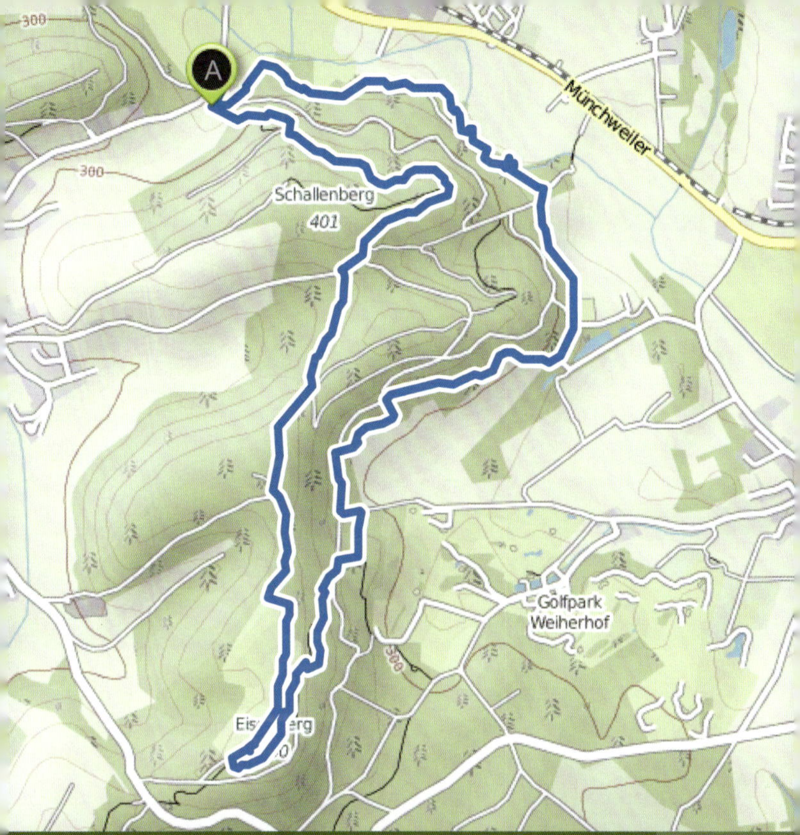

Landkreis Merzig-Wadern

Kleiner Lückner

20

Strecken-Länge	8,5 km
Dauer	2,5 Stunden
Schwierigkeitsgrad	
Wasserstellen unterwegs	nur gegen Streckenende
Leinenführigkeit	an der Steilpassage am Eisenberg
Bodenbeschaffenheit	Waldboden, Feldwege
Überquerung von Straßen	nein
Trittsicherheit	nur auf dem kurzen Stück vom Eisenberg hinunter erforderlich
Für fitte Senioren-Hunde	geeignet (außer bei Hitze)
Einkehr an der Strecke	ja
Strecken-Bewertung	

Start: Parkplatz an der Dellborner Mühle, Dellborner Straße, 66679 Losheim am See / Wahlen

Die Premium-Wanderstrecke „Kleiner Lückner" gehört zu den Traumschleifen Saar-Hunsrück und führt auf einer Wegstrecke von 8,5 Kilometern durch die Wälder zwischen Wahlen, Nunkirchen und Oppen. Wer etwas länger wandern möchte, kann alternativ den Lücknerweg gehen, der insgesamt 16,8 km lang ist und auf einigen Streckenabschnitten identisch verläuft.

Es ist Anfang März 2015 und wir starten die Tour (zu zweit mit drei Hunden) an der Dellborner Mühle in Losheim-Wahlen. Oberhalb der Mühle, kaum zu übersehen, befindet sich das „Start-Tor". Gleich zu Beginn führt ein schmaler Pfad steil den Schallenberg hinauf in den Wald. Ab hier wechseln sich nun bis zum Eisenberg befestigte und unbefestigte, sehr schöne schmale Pfade und breite Waldwege ab. Nach ca. 3 Kilometern, kurz bevor wir den Aussichtspunkt am Eisenberg erreichen, öffnet sich der Wald und wir wandern an einer großzügigen Viehwiese vorbei. Oben an der Weide befinden sich zwei Bänke, die dank dem herrlichen Ausblick zum Verweilen einladen. An dieser Stelle können sich Wanderer nun zwischen den Strecken

„Kleiner Lücker" und „Lücknerweg" entscheiden. Wählt man die kürzere Route („Kleiner Lückner"), führt ein schmaler Pfad um den Eisenberg herum steil bergab. Unten angekommen folgen wir einem gut befestigten Waldweg und nach ca. 5 Kilometern laufen wir eine Waldschleife, die kurz vor dem Golfclub Weiherhof (Wadern-Nunkirchen) eine Linksbiegung macht. Von hier aus sind es noch 3,7 Kilometer zurück zur Dellborner Mühle. Kurze Zeit später erreichen wir erneut einen wunderbaren Aussichtspunkt, bleiben dort einige Zeit und beobachten einen Heißluftballon, der seine Fahrt über das „Saarschleifen-Land" startet. Nach ca. 6,7 Kilometern läuft die Tour an den Geisweiler Weihern vorbei. Wir passieren ein kurzes Asphalt-Stück und biegen kurz darauf wieder links in den Wald hinein.

Tipp: *Wer die Wanderung etwas ausdehnen will, kann (nach ca. 7 km) dem Schild „Schloss Münchweiler (0,8 km)" folgen. Die Streckenerweiterung um 1,6 Kilometer lohnt sich, denn das Schlösschen ist sehenswert und beherbergt zudem ein kleines, liebevoll eingerichtetes Café (s. Einkehrtipps).*

Schloss Münchweiler, 1750-1752 von Franz Georg Zandt von Merl errichtet, ist seit acht Generationen in Familienbesitz. Vom ursprünglichen Landsitz durch Erweiterungsarbeiten im Laufe der Jahre zu einem barocken Residenzschloss ausgebaut, zählt es heute zu den bedeutendsten noch erhaltenen im deutschen Südwesten. Nach wechselvoller Geschichte wurde das Schloss nach dem Zweiten Weltkrieg in Teilen für Gastronomie und Hotellerie geöffnet. 1997 begann die grundlegende Sanierung, während der auch – an Stelle des südlichen Wirtschaftstraktes – ein Hotel entstand. Seit 2007 befindet sich im einstigen Teesalon des Schlosses das Café. www.schloss-muenchweiler.de/

Der letzte Streckenabschnitt bringt uns entlang des Rammenfels, am Fuße des Schallenberges, zur imposanten Lourdes-Grotte und zum Sandsteinkreuz. Woher der Rammenfels, der ca. 25 bis 30 Meter hohe Sandsteinfels, seinen Namen hat, ist leider nicht bekannt. Die Lourdes-Grotte mit den beiden Figuren aus französischem Kalkstein wurde nach dreijähriger Arbeit von Josef Thielen aus Niederlosheim fertiggestellt. Im Herbst 1948 konnte die Einsegnung dieser Anlage erfolgen. Für das aus Sandstein gehauene Bußkreuz, das gegenüber der Grotte aufgestellt wurde, ließ Josef Thielen 1949 eigens das alte Bachbett zuschütten und das neue um einige Meter verlegen. Die Wallfahrtsstätte wird auch heute noch von vielen Gläubigen aufgesucht.

Wieder einmal stelle ich fest, wie viel man auf solchen Touren von seiner Heimat entdecken kann. Ich kannte vorab weder Schloss Münchweiler, noch hatte ich mir die Lourdes-Grotte am Rammenfels jemals zuvor angeschaut. Beides ist jedoch sehenswert. Von der Grotte aus ist es nur noch ein kurzes Stück entlang des Losheimer Baches zum Ausgangspunkt, der Dellborner Mühle. Unsere Hunde genießen zum Abschluss die Abkühlung im Bach und wir die anschließende Einkehr in der Dellborner Mühle.

Einkehrtipps:

Dellborner Mühle

Start und Ziel an der Dellborner Mühle eignen sich perfekt für eine Einkehr mit Hund. Familie Rolles-Reinert, die Betreiber, haben neben anderen Tieren selbst auch Hunde. Einer davon fällt den Besuchern sofort auf: Hof-Chefin Lissy (geborene Elena von der Hirschhalde), eine gemütliche, 3-jährige und sehr souveräne Leonberger-Dame, die entweder kurz mit ganz langsamen Schritten die Lage rund um die Mühle checkt oder irgendwo in absoluter Tiefen-Entspannung rumliegt. Der Traum für jeden Hundebesitzer, der noch mit der Erziehung seines eigenen Vierbeiners kämpfen muss – herrlich!

Wir sind unangemeldet mit unseren Hunden am Nachmittag eingekehrt und wurden sehr freundlich empfangen. Das Restaurant war zu diesem Zeitpunkt proppenvoll und wir waren nicht die einzigen Gäste mit Hund. Die Dellborner Mühle ist sicherlich für Fleisch- und Forellen-Fans ein Eldorado, für Vegetarier war die Auswahl an Gerichten eher klein. Aber daran möchte Geschäftsführerin Karina Reinert etwas ändern und die Speisekarte in Kürze um ein paar vegetarische Gerichte erweitern. Mein „Bettsäächer-Salat" mit Pommes und kaltem Gespritztem (für die Nicht-Saarländer: Bier mit Cola) war jedenfalls der perfekte Abschluss dieser Wanderung. Gruppen mit mehreren Hunden empfehle ich, mindestens eine Woche vorab zu reservieren, damit genügend Sitzplätze im Restaurant zur Verfügung stehen. Da die Mühle nicht nur bei Wanderern sehr beliebt ist, kann es an den Wochenenden zu Parkproblemen, vor allem zur Mittags- oder Kaffee-und-Kuchen-Zeit, kommen. Das Übernachten – für die Wander-Freunde von außerhalb – ist in der Dellborner Mühle auch mit Hund möglich (s. auch Übernachtungstipps, ab S. 287).

Schloss Münchweiler

Ein Abstecher ins Café Schloss Münchweiler lohnt sich für alle, die das Landschlösschen noch nicht kennen. Das kleine Café mit Außenplätzen bietet einen perfekten Rahmen, um sich in schönem Ambiente eine Kaffee- oder Tee-Pause zu gönnen. Laut Auskunft des Betreibers, Dietrich-Bernhard von Hagke, ist das Mitbringen von Hunden in das Café kein Problem. Für Gruppen empfiehlt sich jedoch eine Reservierung. Leider ist das Übernachten im Hotel Schloss Münchweiler mit Hund nicht möglich.

Einkehrmöglichkeiten kompakt:

Dellborner Mühle (liegt an der Wanderstrecke), Dellborner Straße, 66679 Losheim am See/ Wahlen, Tel.: 06872-2829, www.dellborner-muehle.de, Öffnungszeiten: Di bis Sa ab 10 Uhr, warme Küche 11Uhr 30 bis 14 Uhr und 17 Uhr 30 bis 22 Uhr, sonn- und feiertags ab 10 Uhr durchgehend, sonst Ruhetag: Mo

Café Schloss Münchweiler (kleiner Umweg von 1,6 km), Schloss Münchweiler, 66687 Wadern, Tel.: 06874-186820, www.schloss-muenchweiler.de, Öffnungszeiten: Mi bis Sa: 14 bis 19 Uhr, Sonn- und Feiertag: 13 bis 19 Uhr, Ruhetage: Mo, Di

Tour-Bewertung:

Die Wandertour „Kleiner Lückner", wurde vom Deutschen Wanderinstitut e. V. mit 65 (von 100) Erlebnispunkten ausgezeichnet und führt meist über schöne Waldwege, die vom

Schwierigkeitsgrad als leicht bis mittel (je nach Wetterlage und Wanderkondition) einzustufen sind. Da die Strecke toll ausgeschildert ist – Verirren ist fast unmöglich –, eignet sie sich besonders für Wander-Newcomer. An vielen Wegkreuzungen sind nicht nur die kleinen Tourenschilder, sondern auch Distanz-Hinweise mit genauen Kilometer-Angaben angebracht, wie fast bei allen Traumschleifen-Touren.

Das Mitnehmen von Wasser ist notwendig, da relativ spät Abkühlungs- bzw. Erfrischungsmöglichkeiten für Hunde kommen, wie zum Beispiel an den Geisweiler Weihern (nach 6,7 km) oder dem Losheimer Bach, den man erst kurz vor Tour-Ende erreicht. Es gibt nur eine anspruchsvollere Passage am Eisenberg, wo ein schmaler Weg und ein paar Holztreppen steil bergab führen. Hier ist Leinenführigkeit von Vorteil. Die beiden Wanderwege „Lücknerweg" und „Kleiner Lückner" sind sehr beliebt, daher kann es in den Haupt-Wandermonaten zu einer erhöhten Frequentierung kommen. Wir sind diesen Weg Anfang März gelaufen und nur rund um die Dellborner Mühle war etwas mehr los.

Weitere nützliche Adressen:

Die Wandertour „Kleiner Lückner" gehört zu den Traumschleifen Saar-Hunsrück, weitere Informationen gibt es daher auch unter www.saar-hunsrueck-steig.de oder direkt beim:

Projektbüro Saar-Hunsrück-Steig, Zum Stausee 198, 66679 Losheim am See, Tel.: 06872-9018100, Öffnungszeiten: November bis März: Mo bis Fr von 8.30 bis 16.30 Uhr, Sa, So und Feiertag von 11 bis 15 Uhr, April bis Oktober: Mo bis Fr von 8.30 bis 17 Uhr, Sa, So und Feiertag von 10 bis 16 Uhr

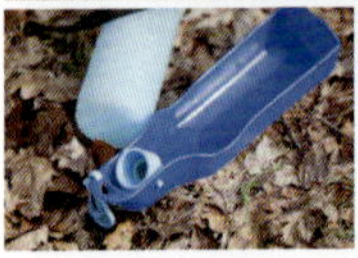

Landkreis Merzig-Wadern

Almglück

21

Strecken-Länge	*7 km*
Dauer	*2 Stunden*
Schwierigkeitsgrad	
Wasserstellen unterwegs	*ja*
Leinenführigkeit	*keine besondere Anforderung*
Bodenbeschaffenheit	*überwiegend Waldboden*
Überquerung von Straßen	*ja*
Trittsicherheit	*keine besondere Anforderung*
Für fitte Senioren-Hunde	*ja*
Einkehr an der Strecke	*ja*
Strecken-Bewertung	

Start: Hochwald-Alm, Hochwaldstraße (geht in die Straße „Zur Alm" über), 66687 Wadern (wenn eine Einkehr geplant ist) oder Wanderparkplatz an der Harteichhütte

Die kleine Almrunde gehört zu den „Traumschleifen" des Naturpark Saar-Hunsrück. Sie trägt diesen Namen zu Recht, denn die mit 6,6 Kilometern Länge eher kürzere Wanderstrecke ist etwas für Natur-Liebhaber und Genuss-Wanderer. Im Schaukasten an der Hochwald-Alm entdecke ich einen schönen Spruch: „Die Natur ist ein sehr gutes Beruhigungsmittel" (Anton Tschechov). Wie sehr die Worte des russischen Schriftstellers und Dramaturgen zutreffen, werden wir in den nächsten zwei Stunden erfahren.

Wir starten an der Hochwald-Alm in Wadrill. 564 Meter hoch gelegen ist sie ein sehr beliebtes Ausflugsziel für Wanderer, Reiter, Radfahrer und Naturliebhaber. Auf einer rund 18 Hektar großen Fläche weiden ab Mitte Mai die Rinder und Pferde der Weidegenossenschaft Hochwald.

Ende März erkunden wir auf 4 Füßen und 8 Pfoten diese Wanderstrecke. Wir haben Glück: Es ist ein perfekter Wander-Tag. Die Sonne scheint und für die Jahreszeit ist es schon angenehm warm. Beobachtet von den neugierigen Pferden, die auf der

Weide oberhalb der Hochwald-Alm stehen, machen wir uns auf den Weg. Er führt uns entlang der Weiden, bergauf am Waldrand vorbei zu einem Aussichtspunkt mit herrlichem Blick über das nördliche Saarland. Eine Sinnesbank lädt hier zum Innehalten ein und hätten wir die Tour nicht gerade eben begonnen, würden wir hier sitzen bleiben und diesen Ausblick noch eine Weile genießen. Wir laufen weiter auf einem breiten Forstweg, bis der Weg links in den Wald hineingeht und wir uns auf einem schmalen Pfad in Richtung Lautenbachtal befinden. Hier verläuft die Grenze zwischen dem Saarland und Rheinland-Pfalz. Fast verwunschen wirkt der moosbewachsene Laubmischwald, in dem sich ein kleiner Bach nach unten schlängelt. Unsere Hunde freuen sich und genießen es sehr, durch das kalte, klare Wasser zu laufen. Etwas bergab können sich Wanderer und Hunde auch an einem kleinen Brunnen, dem „Weinfässchen", erfrischen. Nach einer Wegstrecke von 2,85 Kilometern überqueren wir eine Holzbrücke über die Wadrill und stehen direkt vor dem idyllisch gelegenen Grimburger Hof (Achtung: Einkehrtipps beachten!). Leider sind wir zu früh dran – der Biergarten öffnet erst um 15.00 Uhr –, daher begeben wir uns wieder auf den Weg. Nach ca. einem Kilometer weist ein Schild darauf hin, dass es zur Grimburg von hier aus nur noch 400 Meter sind. Dieser Abstecher ist sicherlich eine schöne Ergänzung der Almglück-Tour.

Die Grimburg wurde um 1190 auf einem steil abfallenden Bergsporn zwischen Wadrill und Mühlenbach erbaut. Sie zählt zu den sieben trierischen Landesburgen, neben der Grimburg sind dies Arras, Ehrenbreitstein, Manderscheid, Neuerburg,

Saarburg und Welschbillig. Im 17.Jhdt. wird die Burg nach heftigen Kriegsschäden aufgegegeben. Erst in den 1970er Jahren beginnt man mit umfangreichen Restaurierungsarbeiten. Die Burganlage kann ganzjährig besichtigt werden und wer sich näher über die Burg informieren möchte, findet auf der Internetseite www.burg-grimburg.de Bilder und viele Hintergrundinformationen.

Wir entscheiden uns gegen einen Besuch der Grimburg, da wir die noch recht junge Podenco-Mix-Hündin Thea dabei haben, die zum ersten Mal eine Wanderung mitmacht. Außerdem steht die Wadrill-Tafeltour, die unmittelbar an der Grimburg vorbeiführt, sowieso auf der Liste der geplanten Wanderwege für 2015. Weiter geht es bergab entlang der Wadrill, bevor uns schmale Wald-Pfade wieder bergauf zurück zum Ausgangspunkt bringen. Auf dem letzten Stück ist die Straße, die an der Hochwaldalm vorbeiführt, zwei Mal zu überqueren, da eine letzte Waldschleife zu laufen ist. Nach knappen zwei Stunden Wanderzeit freuen wir uns auf ein leckeres Mittagessen auf der Hochwald-Alm.

Einkehrtipps:
Hochwald-Alm Wadrill

Wir genießen zum Abschluss der Tour auf den Bänken draußen vor der Hochwald-Alm-Hütte die März-Sonne. Neben Kuchen bietet die Küche hier auch deftige Kleinigkeiten an. Ich entscheide mich für eine Käseplatte, meine Mit-Wanderin für eine Schinkenplatte und gemeinsam bestellen wir noch Bratkartoffel. Liebevoll angerichtet wird uns das Essen serviert und da wir gerade so schön sitzen, gehen wir gleich im Anschluss zu Kaffee und Kuchen über. Wir befinden uns noch in der Wander-Vorsaison und können unseren Aufenthalt hier oben in Ruhe genießen. Einige Wanderwege laufen direkt an der Hochwald-Alm vorbei, wie zum Beispiel der Saar-Hunsrück-Steig oder die Waldrill-Tafeltour, daher ist die Hütte vor allem in der Wander-Hauptsaison sehr gut besucht.

Grimburger Hof

Der Grimburger Hof befindet sich ungefähr in der Streckenmitte. Daher bietet sich dort ein Zwischenstopp an. Allerdings ist eine Einkehr ab dem Frühjahr nur im Biergarten möglich. Im Restaurant sind Hunde leider nicht erwünscht.

Einkehrmöglichkeiten kompakt:

Hochwald Alm Wadrill, Tel.: 0177-4208443 oder 06872-505666, www.hochwald-alm.de, Öffnungszeiten: März bis 15. November: Mo bis Fr von 14 Uhr bis Sonnenuntergang (in Schulferien ab 11.00 Uhr), Sa/So/Feiertage ab 11.00 Uhr bis Sonnenuntergang. Von November bis März: Fr von 14 bis Sonnenuntergang (Mindestöffnungszeit) sowie Sa, So von 11 Uhr bis Sonnenuntergang (Mindestöffnungszeit)

Grimburger Hof 1, 54413 Grimburg, Tel.: 06589-357, www.grimburger-hof.de, Öffnungszeiten: Mi bis Sa ab 15 Uhr, So ab 10 Uhr. Ruhetag: Mo, Di

Tour-Bewertung:

Die kleine Almrunde ist eine sehr schöne Wanderstrecke inmitten des Naturparks Saar-Hunsrück, bei der man perfekt die Seele baumeln lassen kann. Wie alle Traumschleifen ist auch die Almglück-Tour sehr gut ausgeschildert, ein Verlaufen ist (fast) unmöglich. Nach dem Start an den Viehweiden der Hochwald-Alm verläuft die Strecke überwiegend auf schönen Waldwegen.

Sie ist als leicht einzustufen, besondere Anforderungen hinsichtlich Trittsicherheit gibt es nicht. Die erste Erfrischungsmöglichkeit für Hunde bietet sich bereits nach knapp 1,5 Kilometer am „Weinfässchen" im Lautenbachtal. Im Anschluss führt der Weg an der Wadrill entlang, auch da finden Hunde genügend Möglichkeiten zur Abkühlung. Am Streckenende ist die Straße, die hoch zur Hochwaldalm führt, zwei Mal zu überqueren. Die kurze Wegstrecke und zahlreiche Abkühlungsmöglichkeiten machen die kleine Almrunde zu einer perfekten Strecke für Hunde-Senioren.

Weitere nützliche Adressen:

Die kleine Alm-Runde gehört zu den Traumschleifen Saar-Hunsrück, weitere Informationen gibt es daher auch unter www.saar-hunsrueck-steig.de oder direkt beim:

Projektbüro Saar-Hunsrück-Steig, Zum Stausee 198, 66679 Losheim am See, Tel.: 06872-9018100, Öffnungszeiten: November bis März: Mo bis Fr von 8.30 bis 16.30 Uhr, Sa, So und Feiertag von 11 bis 15 Uhr, April bis Oktober: Mo bis Fr von 8.30 bis 17 Uhr, Sa, So und Feiertag von 10 bis 16 Uhr

Tourist-Information Wadern, Marktplatz 13, 66687 Wadern, Tel.: 06871-5070, www.wadern.de

Burg Grimburg, Förderverein Burg Grimburg e.V., 54413 Grimburg, Tel.: 06589-919992, www.burg-grimburg.de

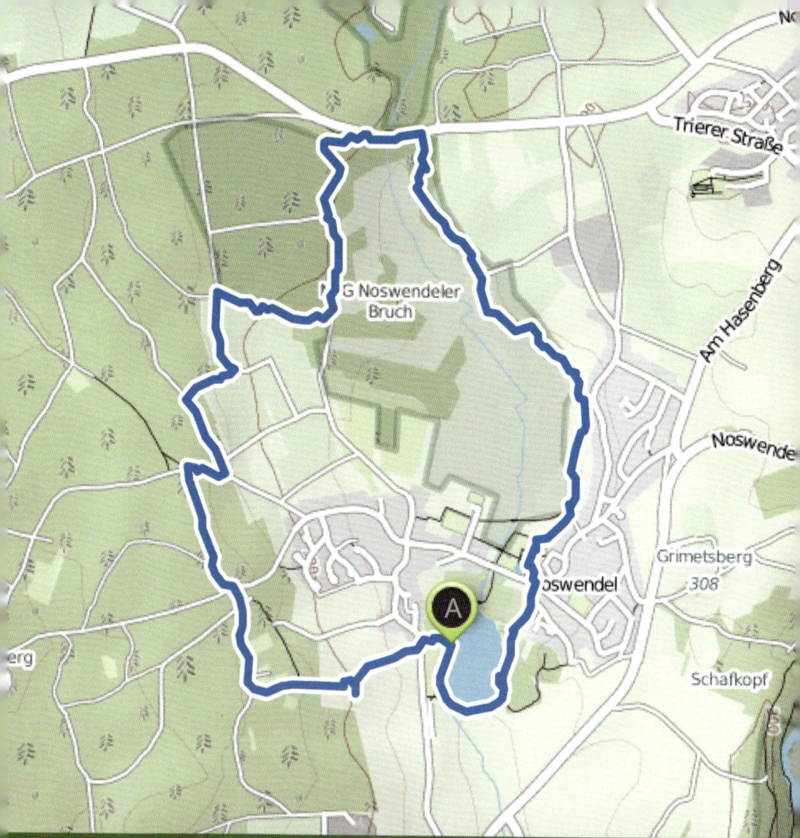

Landkreis Merzig-Wadern

Himmels Gääs Paad

22

Strecken-Länge	7,3 km
Dauer	2,5 Stunden
Schwierigkeitsgrad	
Wasserstellen unterwegs	ja
Leinenführigkeit	keine besondere Anforderung
Bodenbeschaffenheit	überwiegend Wald- und Forstwege
Überquerung von Straßen	ja
Trittsicherheit	keine besondere Anforderung
Für fitte Senioren-Hunde	ja
Einkehr an der Strecke	ja
Strecken-Bewertung	

Start: Bootshaus am Noswendeler See, Seestraße, 66687 Wadern

Ende Juli 2015 wurde eine neue Traumschleife, der „Himmels Gääs Paad", in Noswendel eingeweiht. Highlights dieser Tour sind der Noswendeler See, das Naturschutzgebiet „Noswendeler Bruch" und die vielen schönen Wald- und Wiesenwege mit tollen Aussichten entlang der Strecke.

Unsere Tour startet an einem Juli-Sonntag am Bootshaus am Noswendeler See. Der 6,6 Hektar große See gehört zum Naherholungs- und Freizeitzentrum Noswendel, das eine Gesamtfläche von 20 Hektar umfasst. Es ist ein beliebtes Ausflugsziel für Familien, Erholungssuchende, Angler und vor allem auch Wanderer, denn es gibt ein gut ausgewiesenes Wanderwegenetz.

Der Himmels Gääs Paad führt uns um den See herum, vorbei an der sehr gepflegten Kneipp-Anlage, die mit frischem Quellwasser gespeist wird. Für ein kurzes Stück gelangen wir wieder in den Ort Noswendel hinein. Wir überqueren die Parkstraße, passieren den Musikpavillon und erreichen nach ca. 1,5 Kilometern den Noswendeler Bruch, eines der größten Feuchtgebiete im Saarland. Der Name „Himmels Gääs Paad" hat übrigens hier seinen Ursprung. Im Noswendeler Bruch soll die Bekassine leben, eine sehr langschnäbelige, mittelgroße Art aus der Familie der Schnepfenvögel. Der Balzgesang der Bekassine hört sich an wie das Meckern einer Ziege, daher wird der Vogel auch „Himmelsziege" genannt. Aus Ziege bzw. Geiß wird umgangssprachlich „Gääs" und schon erklärt sich die Namensgebung „Himmels-Ziegen-Pfad".

Wir laufen über den schön angelegten Holzbohlenweg in das Naturschutzgebiet hinein, das sich über eine Fläche von 150 Hektar erstreckt und das Qualitätssiegel „Europäisches Vogelschutzgebiet" trägt. Ein kleiner Bach verläuft neben dem Weg und unsere Hunde können sich hier abkühlen. Weiden, Feuchtwiesen, Hochstaudenflure und Schilfbereiche wechseln auf diesem ersten Stück ab und wir folgen dem Weg noch eine Zeitlang durch verschiedene Waldgebiete rund um das Naturschutzgebiet. Breite Waldwege, aber auch verwunschen wirkende Pfade führen uns zurück zum Noswendeler See. Doch bevor wir unser Auto erreichen, machen wir es uns noch auf der Sinnesbank gemütlich, die oberhalb des Sees auf einer schönen Streuobstwiese steht. Ein wirklich wunderbarer Ort zum Innehalten, kurz vor Ende der Tour, denn es sind von hier aus nur noch einige Meter zurück zum Parkplatz.

Einkehrtipps:

Sonntags-Kuchen-Buffet am Noswendeler See

Da wir uns erst um die Mittagszeit auf den Weg machen, bleiben wir zunächst am Noswendeler See „hängen". Sonntags ist dort sehr viel Betrieb, was mitunter den vielen ortsansässigen Vereine zu verdanken ist, die sich um den Aufbau eines großen Kuchenbuffets kümmern. Ganz klar, einige der leckeren, selbstgebackenen Kuchen probieren wir aus, bevor wir uns auf den Himmels Gääs Paad begeben.

Seeklause

Wegen einer Veranstaltung am Noswendeler See ist in der Seeklause leider kein Platz mehr für uns frei. Ich erkundige mich aber nach der Tour telefonisch und erhalte von Vera Hoffmann, die sich für den Heimat- und Verkehrsverein Noswendel um die Bewirtung in der Seeklause kümmert, hinsichtlich Hundefreundlichkeit folgende Auskunft: „Wo sich der Hund wohlfühlt, verweilt der Mensch auch gerne, daher steht ein Napf mit frischem Wasser bereit und es gibt auch ein Leckerli für den Hund". Für Gruppen mit mehreren Hunden ist eine Reservierung empfehlenswert, da die Seeklause vor allem an den Wochenenden ein beliebtes Ziel für Alt und Jung ist.

Alte Mühle

Nach ca. 1,85 Kilometern führt der Himmels Gääs Paad am Gasthaus „Alte Mühle" vorbei. Wegen der Veranstaltung am See ist sie an diesem Tag leider geschlossen, aber die Chefin, Gudrun Meder-Rack, erklärt mir, dass Hunde im Restaurant willkommen sind. Am Wochenende ist zudem der Biergarten geöffnet, in dem es sich mit Blick auf den Noswendeler Bruch im Sommer sehr schön verweilen lässt. Gruppen sollten vorab reservieren.

Einkehrmöglichkeiten kompakt:

Seeklause am Bootshaus, Seestraße, 66687 Noswendel, Tel.: 06871-5244, Öffnungszeiten: April bis Oktober, von 14 bis 20 Uhr, sonn- und feiertags von 10 bis 20 Uhr

Sonntag: Die ortsansässigen Vereine organisieren sonntags ein riesiges Kuchenbuffet.

Alte Mühle Noswendel, Deltstraße 37, 66687 Wadern-Noswendel, Tel.: 06871-502238, Öffnungszeiten: wochentags ab 16 Uhr, Sa, So und an Feiertagen ab 10 Uhr. Wochentags gibt es kleine Gerichte, wie z.B. Flammkuchen. An den Wochenenden ist der Biergarten geöffnet und man kann aus der großen Speisekarte ausgewählen. Wandergruppen werden um Reservierung gebeten.

Tour-Bewertung:

Der Himmels Gääs Paad hat nicht umsonst auf Anhieb die Zertifizierung und Auszeichnung mit 60 Erlebnispunkten durch das Deutsche Wanderinstitut erreicht. Es ist eine sehr schöne Kurzstrecke mit vielen Möglichkeiten der Naturerfahrung, einigen Highlights und schönen Landschaftsausblicken.

Eine kleine Wasserflasche für den Hund reicht aus, denn für Abkühlung und Erfrischung sorgen der Noswendeler See und die vielen kleinen Bäche entlang des Noswendeler Bruchs. Da die Tour kaum Steigungen hat, ist sie auch für rüstige Hunde-Senioren sehr gut geeignet.

Weitere nützliche Adressen:

Tourist-Info der Stadt Wadern, Marktplatz 13, 66687 Wadern, Tel.: 06871-5070, www.wadern.de

Der Himmels-Gääs-Paad gehört zu den Traumschleifen Saar-Hunsrück, weitere Informationen gibt es daher auch unter www.saar-hunsrueck-steig.de oder direkt beim:

Projektbüro Saar-Hunsrück-Steig, Zum Stausee 198, 66679 Losheim am See, Tel.: 06872-9018100, Öffnungszeiten: November bis März: Mo bis Fr von 8.30 bis 16.30 Uhr, Sa, So und Feiertag von 11 bis 15 Uhr, April bis Oktober: Mo bis Fr von 8.30 bis 17 Uhr, Sa, So und Feiertag von 10 bis 16 Uhr

Themen-Touren mit Hund

Kulinarische Kräuterwanderung mit Sigrune Essenpreis

23

Es ist zwar schon eine Weile her, aber an diese Tour erinnere ich mich sehr gut und vor allem sehr gerne. Mit 16 Personen und genauso vielen Hunden hatten wir uns zu einer kulinarischen Kräuterwanderung „Stiefeln und Tafeln“ angemeldet. Eines gleich vorab: Selten haben wir uns als (Hunde-)Gruppe so willkommen gefühlt wie bei BIOSpitzenköchin Sigrune Essenpreis und Sommelier Thomas Nickels vom Landgasthof Paulus im nördlichen Saarland.

Nieselregen bis hin zu strömendem Regen begleitet uns bereits auf der Fahrt nach Nonnweiler-Sitzerath und leider auch während der gesamten Wanderung. Für Sigrune Essenpreis, unterstützt durch Landschafts- und Wanderführer Rainer Peter, kein Grund, das vorbereitete Programm zu kürzen. Auf ihrer Liste stehen rund 100 Kräuter, die sie uns unterwegs zeigen will.

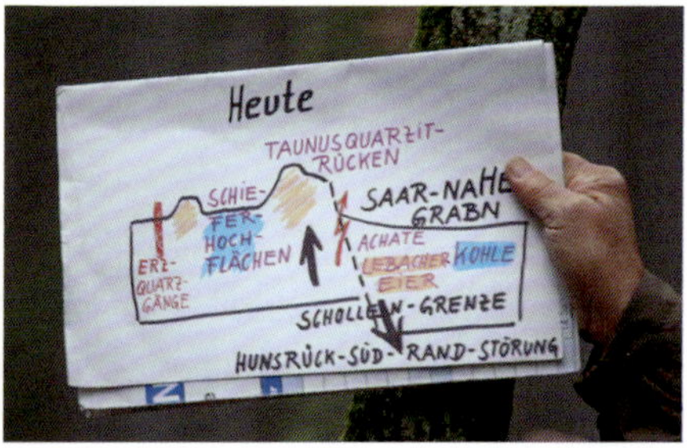

Rainer Peter sorgt für geologische und geographische Hintergrund-Informationen.

Rund vier Stunden sind wir mit beiden im Schwarzwälder Hochwald rund um Sitzerath unterwegs. Es fallen Namen wie Beinwell, Beifuß, Giersch, Mädesüß und viele mehr. Fichtenspitzen sammelt Sigrune Essenpreis auf und erklärt uns, dass sie daraus Sirup und Essig herstellt. Heilkundliche Tipps, sowie historisches und mythologisches Wissen gibt sie gratis obendrauf. Viele Geschichten über Druiden und Kelten hat sie auf Lager und vor allem mit ihren kritischen Anmerkungen über die industrialisierte Landwirtschaft, Tierhaltung und Lebensmittelerzeugung regt sie immer wieder zum Nachdenken an. „Viele Menschen haben den Bezug zur Natur verloren", beklagt sie und wir verstehen langsam, was die beiden Buchstaben „EH", die sie hinter ihrem Namen angibt, zu bedeuten haben. „Ethische Hedonistin (EH)" bedeutet in ihrem Falle, das Leben und auch Lebensmittel mit allen Sinnen zu genießen, dabei jedoch auf Nachhaltigkeit zu achten, auf artgerechte Tierhaltung und darauf, die Umwelt nicht auszubeuten oder zu zerstören. Wie dies in einem Gastronomiebetrieb umgesetzt werden kann, erleben wir dann beim anschließenden Essen in ihrem Landgasthof.

Auf den letzten Metern der Wanderung schaue ich mir etwas besorgt unsere schmutzigen und vor allem nassen Hunde an. Ich glaube, fast jedem Herrchen und Frauchen geht es bei dem Gedanken an das schöne Ambiente im Landgasthof ebenso. Für Sigrune Essenpreis kein Problem: Kurzerhand organisiert sie per

Handy, dass warmes Wasser und Tücher zum Säubern der Hunde vorbereitet werden. Wir sind beeindruckt! Vor allem, da dies für sie die erste Wanderung mit so vielen Hunden ist.

Auf uns wartet ein großer, schön gedeckter Tisch im Wintergarten des Landgasthofs. Frisches Focacciabrot aus dem Steinbackofen und Quark, verfeinert mit geröstetem Käsepappelsamen, Rotkleeblütensprossen und Früchten von der Knoblauchsrauke, stehen schon bereit. In unserer großen Tafelrunde bekommen wir während des mehrgängigen Menüs noch viele weitere interessante Informationen über die Speisen. Wir probieren neugierig den vorher beschriebenen Sirup und den Essig aus Fichtenspitzen. Unser Salat besteht aus Wildkräutern und essbaren Blumen, die wir auf unserer Wanderung schon kennen gelernt haben. Die servierten Giersch-Puffer sind sehr lecker und auch die Gnocchi mit Pilzsauce überzeugen uns vollends.

Ein toller Tag – absolut empfehlenswert!

Landgasthof Paulus & Der Laden, Thomas A. Nickels & Sigrune Essenpreis EH, Prälat-Faber-Straße 2-4, 66620 Nonnweiler OT Sitzerath, Tel.: 06873-91011, www.landgasthof-paulus.de

Themen-Touren mit Hund

Kräuter-Exkursion mit Maria Magdalena Meyer

24

Maria Magdalena Meyer ist Gesundheitspraktikerin, Kräuterfrau und Singleiterin für heilsames Singen. An der „Wanderreitstation Warndtwald“, die sie auch liebevoll „Kräuteralm“ nennt, ist sie oft zu finden, denn genau dort starten die meisten ihrer Kräuterspaziergänge. Mit einer Mensch-Hund-Gruppe hat sie allerdings noch nie eine solche Exkursion gemacht. Gerne lässt sie sich mit uns darauf ein.

Wir erhalten eine kurze Einführung, schauen uns die Kräuter auf „ihrer Alm“ an und bemühen uns natürlich, dass kein Vierbeiner dort ein Bein hebt. Gemeinsam mit ihr geht es dann durch die umliegenden Wälder. Mal hier, mal da zeigt sie uns, was wir alles unterwegs probieren können, und erklärt, welche Wirkung die einzelnen Wildkräuter haben. Wir staunen, was die Natur alles zu bieten hat. Und wir lernen, Pflanzen zu be-

stimmen, etwas über deren Inhaltstoffe und natürlich, wie sie verarbeitet und verwendet werden. Schafgarbe, Ampfer und Spitzwegerich: Sicherlich wussten unsere Großeltern noch mehr damit anzufangen. Für uns ist vieles neu. Umso wichtiger, dass es Menschen wie Maria Magdalena Meyer gibt, die uns an die Kraft der Natur erinnern.

Mit viel Wissens-Input geht es zurück zur Kräuter-Alm und der dort vorbereiteten Kostprobe. Maria Magdalena Meyer serviert uns zum Beispiel einen Imbiss aus frischen Äpfeln, Haselnüssen und Brennnessel. Zögerlich probieren wir, denn die meisten von uns kennen nur den Schmerz, den ein Kontakt mit der Brennnessel im Allgemeinen verursacht. Es schmeckt erstaunlich gut. Genauso wie der Wildkräutersalat mit Blüten. Leckere Kräuterbutter mit selbstgebackenem Brot gibt es obendrauf.

Ca. 4 Stunden dauert die Kräuter-Exkursion inklusive gemeinsamer Kostprobe. Die Tour ist (ob mit oder ohne Hund) sehr informativ und sicherlich etwas für Kräuter-Fans, wie auch für Newcomer. Alle Termine sind auf der Internetseite von Maria Magdalena Meyer zu finden.

Maria Magdalena Meyer, „Kräuter-Alm" an der Wanderreitstation Warndtwald, Friedrichweilerstraße, 66787 Friedrichweiler, Tel.: 0160-1235115, www.gesund-und-natur.beepworld.de

Themen-Touren mit Hund

Krimi-Tour mit Hund: Spezialeinheit Spürnase!

25

Wer immer schon mal gemeinsam mit dem eigenen Vierbeiner einen mysteriösen Kriminalfall lösen wollte, ist bei Verena Helfrich von mensch-hund-auszeit genau richtig. Im Raum Trier (auf Wunsch für Gruppen auch im Saarland) bietet sie dieses außergewöhnliche Erlebnis für Mensch & Hund an.

Per Facebook bin ich darauf aufmerksam geworden und natürlich war meine Neugierde sofort geweckt. Zur nächsten Krimitour Mitte Juli hab ich mich mit meinem Border Collie Jule gemeinsam mit Podenco Thea samt Frauchen angemeldet. Es ist Sonntag, wir sitzen im Auto Richtung Fell und sind schon gespannt, was uns erwarten wird. Treffpunkt ist am Besucherbergwerk Fell. Auf dem Parkplatz stehen schon viele andere Hundebesitzer mit ihren Tieren. Vom Chihuahua bis zum Jagdhund sind die unterschiedlichsten Rassen mit am Start.

Da eine Doppel-Krimi-Tour stattfindet, warten insgesamt 16 Mensch-Hund-Teams auf erste Instruktionen.
Doch bevor es losgeht, stellen sich alle Teilnehmer erst einmal kurz vor. Dabei werden auch die Besonderheiten der Hunde erwähnt. „Thea mag zum Beispiel keine Männer", sagt Frauchen. Alle männlichen Teilnehmer wissen nun Bescheid! Ein anderer Hund verträgt sich nicht mit Artgenossen, daher bittet das Frauchen um Abstand. Eine weitere Teilnehmerin erklärt, dass sie selbst keine gute Laune hat und auch um Abstand bittet. Immer gut, wenn man weiß, mit wem man es zu tun hat! Selbstverständlich haben alle für alles Verständnis und so verläuft die ganze Tour trotz der gerade erst zusammengewürfelten Zwei- und Vierbeiner und deren speziellen Anforderungen sehr harmonisch.

Von Verena Helfrich erhalten wir zunächst eine Einführung in den Kriminalfall. Zu den ersten Hinweisen gibt sie uns noch eine Ermittlerausrüstung und unsere Ermittler-Ausweise, die wir im Falle einer Zeugen-Befragung vorzeigen sollen. Los geht es! Unterwegs sammeln wir Beweise, lösen Rätsel, diskutieren und auch die Hunde sind ab und an gefordert. Rund um das Besucherbergwerk Fell gibt es zahlreiche Stollen, in die wir mitunter hineinkrabbeln müssen, um sachdienliche Hinweise zu finden. An der nächsten Wegkreuzung soll sich wieder eine wichtige Information befinden. „Such, such", sage ich zu Jule. Wie alle anderen laufe ich aufgeregt umher. Jule sucht, ich weiß aber nicht genau was. Die Mischlingshündin einer anderen Teilnehmerin, genau neben mir, sucht geradezu euphorisch. Das sieht vielversprechend aus, bis – schwupps – eine Maus in ihrem Maul verschwindet und genüsslich verspeist wird. War wohl auch nicht auf der richtigen Spur! Aus einer anderen Ecke ertönt: „Gefunden!". Wir erhalten eine Information, wie wir an den letzten Hinweis gelangen, der sich wohl in einem der Stollen befindet.

Mit einer Taschenlampe mache ich mich auf die Suche. Jule findet Suchen im Dunkeln nicht ganz so spaßig wie ich und bleibt sicherheitshalber hinter mir. „Gefunden" ruft ein Herrchen neben mir und läuft mit einer Plastikdose nach draußen. Nur gut, dass es sich bei der Dose um einen Geocaching-Behälter handelt, der überhaupt nichts mit unserer Krimi-Tour zu tun hat. Ich wittere meine Chance, Jule wittert nichts. Endlich finde auch ich einen Hinweis-Zettel, versteckt in einer Plastiktüte. Mit den finalen Angaben laufe ich zur Gruppe. Wir haben nun alles zusammen, unser Fall ist gelöst. Fast vier Stunden waren wir unterwegs. Uns allen hat es riesig Spaß gemacht und ich denke, es wird sicherlich nicht meine letzte Krimi-Tour gewesen sein.

Krimi-Tour mit Hund, Verena Helfrich, Zum Steinbruch 6, 54317 Korlingen, Tel.: 0176-25329280, www.mensch-hund-auszeit.de

Themen-Touren mit Hund

Wein-Wanderungen mit Frederik Theis, Maimühle, Perl

26

Frederik Theis, Inhaber der Maimühle in Perl, lädt Wein-Interessierte regelmäßig zu Exkursionen in die Weinberge am Moseltor. Mit fundiertem Wissen erklärt der gelernte Sommelier dabei leicht verständlich Grundlagen und Details des Weinbaus und erzählt allerlei Geschichten rund um den Wein.

Bevor wir an der Maimühle starten, werden alle Teilnehmer mit einem Weinglas und einem praktischen Weinglas-Beutel zum Umhängen ausgestattet. Dann geht es los: zuerst durch das luxemburgische Örtchen Schengen, vorbei an alten Tretmühlen direkt in die Weinberge. Über den Markusberg verläuft die Tour weiter rund um Schengen herum und dann durch das Naturschutzgebiet Stromberg, das eine erstaunliche Vielfalt in der Tier- und Pflanzenwelt bietet. Teilweise überschneidet sich der

Weg mit der neuen Traumschleife „Schengen Grenzenlos". Auf der Wanderung durch diese herrliche Kulturlandschaft können wir die wunderbaren Ausblicke in das Moseltal genießen. Frederik Theis hat vier verschiedene Weine zum Probieren in seinen Rucksack gepackt, für diese Tour beispielsweise den Grauen Burgunder vom Weingut Karl Petgen und den Auxerrois vom Weingut Bertel. Beide Weingüter sind in Perl ansässig. An mehreren malerisch gelegenen Rastpunkten verkostet er sie mit uns und reicht dazu Brot sowie hausgemachte Snacks, z. B. frisches Pesto aus der Maimühle und Spezialitäten von Bauernhöfen der Region wie Käse oder Wurst.

Die Wein-Wanderung ist (vor allem mit Hund) wunderschön und absolut empfehlenswert. Sie wird von Mai bis Oktober angeboten. Auf der Internetseite der Maimühle sind die jeweiligen Termine zu finden, Gruppen ab 10 Personen können auch individuelle Termine vereinbaren. Über einigermaßen gute Kondition sollten die Zweibeiner verfügen, ebenso über festes Schuhwerk. Vor allem an warmen Tagen ist es ratsam, zusätzlich noch alkoholfreie Getränke mitzunehmen. Für den Hund sollte genügend Wasser in den Rucksack eingepackt werden, da es unterwegs keine Abkühlungs- bzw. Erfrischungsmöglichkeiten gibt.

Wer im Anschluss noch Lust auf ein leckeres Essen hat, kann gerne mit Hund in der Maimühle einkehren.

Maimühle Hotel & Restaurant, Frederik Theis, Bahnhofstraße 100, 66706 Perl, Tel.: 06867-911317-0, E-Mail: info@maimuehle.de, www.maimuehle.de. Öffnungszeiten Restaurant: 11:30 bis 14 Uhr und 18 bis 21 Uhr, Ruhetag: Do

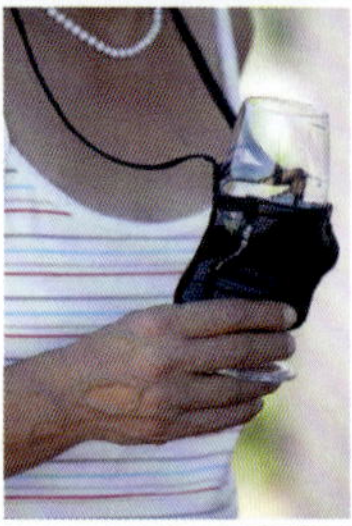

Themen-Touren mit Hund

Bliesgau
„Die schmackhafte Landschaft“

27

Der Bliesgau hat viel zu bieten, das beweist schon die Anerkennung als UNESCO-Biosphärenreservat. Bei der Saarpfalz-Touristik erkundige ich mich bezüglich „hundegruppen-tauglicher" Veranstaltungen. Ich bekomme gleich mehrere Vorschläge, darunter die Tour „Die schmackhafte Landschaft – eine kulinarische Wanderung", an der wir mit insgesamt 12 Zwei- und 10 Vierbeinern teilnehmen.

„Der Bliesgau ist ein Fest für die Sinne", heißt es in der Beschreibung der Tour. Dass es sich dabei nicht nur um einen Werbeslogan handelt, dafür sorgt Eva Hubert, die Natur- und Landschaftsführerin. Sie begleitet uns während der gesamten Tagestour und weiß viele Geschichten und Informatives über die Region zu erzählen. Doch bevor die ca. 15 Kilometer lange kulinarische Wanderung beginnt, treffen wir im Hubertushof Born

in Niederwürzbach auf Imker Jan Flieger und dessen Ehefrau Claudia. Während einer Honig-Verkostung erfahren wir Interessantes über die „fleißigen Bienen", die Honiggewinnung und das Imker-Handwerk. Nicht nur vom Honig dürfen wir kosten, die beiden haben auch noch einige ihrer selbstgemachten, sehr leckeren Marmeladen dabei.

Mit den Autos geht es danach zum Startpunkt der Tour am anderen Ende von Niederwürzbach. Ca. 6 Kilometer wandert Eva Hubert mit uns durch die Wälder in Richtung Ommersheim. Das „Millich Heisje", der kleine Selbstbedienungsladen vor dem Hof, kündigt unsere zweite Station an: die Bliesgau-Molkerei und den Bioland-Hof der Familie Wack. Daniel Wack zeigt uns die Stallungen mit den Schweinen und den Kühen. Geduldig

beantwortet er unsere zahlreichen Fragen und führt uns im Anschluss zu den Hühner-Mobilen, die sich in Hof-Nähe auf einer Weide befinden. Etwa 750 Hühner leben in den drei Mobilställen, die alle ein bis zwei Wochen versetzt werden, sodass in dem großzügigen Auslaufbereich immer frisches Gras zum Fressen und Erde zum Scharren zur Verfügung stehen. Neugierig und etwas aufgeregt beäugen unsere Vierbeiner die unterschiedlichen tierischen Hofbewohner. „Sind halt Stadthunde!", denkt sicherlich der Hofhund der Familie Wack, ein junger Border Collie, der so viel Aufregung nicht verstehen kann. Zur Verkostung stehen nach der Hof-Führung die Biomilch der Bliesgau Molkerei sowie selbstgebackenes Brot mit frisch zubereitetem

Kräuterquark und Butter aus eigener Herstellung bereit. Auch hier schmeckt alles richtig lecker und das nachhaltige Konzept des Bioland-Hofes Wack und der Bliesgau Molkerei begeistert uns.

Durch die wunderbare Bliesgau-Landschaft wandern wir weiter zum Ommersheimer Weiher. In der schönen Freizeit-Anlage machen wir eine kurze Rast, bevor uns die Tour am Ortsrand von Ormesheim vorbeiführen wird. Von hier aus geht es über den Ormesheimer Berg, dann durch den Kirchenwald in Richtung Kulturlandschaftszentrum Haus Lochfeld, oberhalb von Wittersheim. Peter Hartmann, zertifizierter Natur- und Landschaftsführer, wartet dort schon auf uns. Hinter ihm stehen, schön aufgereiht, die Produkte der Bliesgau Öl- und Senfmühle. Wir probieren Leindotter-, Raps-, Mariendistel-, Hanf-Öl oder Mohn-Öl und erfahren einiges über deren Herstellung. Auch diverse Senf-Sorten hat er dabei, wie zum Beispiel den Knoblauch- oder den Estragon-Senf. Die regionalen Spezialitäten des Biosphärenreservates Bliesgau überraschen und beeindrucken uns erneut.

Durch die Gartenanlage am Haus Lochfeld begeben wir uns auf das letzte Stück des Weges, bis an den Ortsanfang von Wittersheim. Dort steht schon ein Bus bereit, der uns zu unseren Autos in Niederwürzbach zurückbringt. Anschließend fahren wir noch einmal zum Hubertushof. Inhaberin Christel Born und ihr Team warten schon, um uns mit einem abschließenden 3-Gänge-Menü zu verwöhnen. Unsere 12 Vierbeiner liegen müde unter den

Tischen, während wir das köstliche, ausschließlich aus regionalen Zutaten hergestellte Abendessen genießen. Ein toller Tag! Eine rundum gelungene Tour.

Adressen:

Saarpfalz-Touristik, Paradeplatz 4, 66440 Blieskastel, Tel.: 06841-1047174, www.saarpfalz-touristik.de, Öffnungszeiten: Mo bis Donnerstag von 8.15 bis 16 Uhr, Fr von 8.15 - 15 Uhr

Biolandhof Wack, Eichelberger Hof, 66399 Ommersheim, Tel.: 06803-1214, www.biolandhof-wack.de, Öffnungszeiten Hofladen: Di von 18 bis 19 Uhr, Mi von 14 bis 17 Uhr, Fr von 18 bis 19 Uhr, Sa von 10 bis 14 Uhr

Bliesgau Molkerei, Saarpfälzische Biohöfe GmbH, Eichelberger Hof, 66399 Ommersheim, www.bliesgau-molkerei.de

Bliesgau Öl- und Senfmühle, Berghof Einöd, Berghof 2, 66424 Homburg / Einöd, Tel.: 06848-7019990, www.berghof-einoed.de, Öffnungszeiten: Do bis Sa von 9 bis 12 und 13 bis 16 Uhr

Hubertushof Born, Kirschendell 32, 66440 Niederwürzbach, Tel.: 06842-6544, www.hubertushof-born.de (s. auch Restaurant-Tipps, S. 277).

Themen-Touren mit Hund

Mit der Kammerzofe durch Blieskastel

28

Wer Blieskastel einmal anders erleben will, der kann sich auf die Kuriositäten-Tour mit der Kammerzofe Henrietta begeben. Am Paradeplatz empfängt sie die Teilnehmer und nimmt sie mit auf eine Reise in die Vergangenheit der Stadt und ihrer Bewohner. Viele Geschichten von Räubern, Mördern und Betrügern weiß sie zu erzählen. An den entsprechenden Schauplätzen erfährt man Interessantes über skurrile Gerichtsfälle und was ein vergifteter Käse mit der hochherrschaftlichen Familie von der Leyen zu tun hat. Sie hat diese Information natürlich aus erster Hand, denn sie ist die Zofe bei Hofe, seit 1773 im Dienste der Marianne von der Leyen. Unterhaltsam berichtet Henrietta über das Leben der gräflichen Familie und führt die Teilnehmer dabei vom Paradeplatz aus durch die Gassen hinauf zum Wallfahrtskloster, wo der herrliche Ausblick über das Blieskasteler Umland lockt.

Im Rathaus weiht Henrietta dann zum Abschluss in das dubiose Handwerk der historischen Giftmischerinnen und Giftmörder ein und hat noch einige weitere mordsmäßige Geschichten auf Lager.

Kultur erleben mit Hund? In Blieskastel ist das möglich! Wir nehmen an der Kuriositäten-Tour mit einer größeren Hundegruppe teil und erleben dank Henrietta die Stadt Blieskastel auf eine ganz andere Art und Weise. Mal witzig, mal schaurig und vor allem kurzweilig sind die von der Kammerzofe, in authentischem Outfit, perfekt vorgetragenen Geschichten. Die Tour ist sehr empfehlenswert! Das Mitführen von Hunden ist kein Problem. Allerdings sollten die Vierbeiner etwas Geduld mitbringen, denn nicht nur unterwegs heißt es, Ruhe halten, wenn Henrietta ihre Geschichten erzählt. Auch am Schluss im Rathaus, beim Vortrag über die Giftmischerinnen und Giftmörder, sollte der Hund ruhig abwarten können. Ungefähr eineinhalb Stunden dauert die Veranstaltung insgesamt. Die jeweiligen Termine sind auf der Internetseite der Stadt Blieskastel zu finden.

Apropos Blieskastel: Hätten Sie's gewusst?

Einmal im Jahr, Anfang Oktober, lädt das franziskanische Wallfahrtskloster Blieskastel Tierfreunde von nah und fern zur Tiersegnung in den Klosterpark ein. Der Brauch, Tiere zu segnen, geht auf den Ordensgründer zurück, den heiligen Franziskus von Assisi, der die Tiere liebte und in ihnen Geschöpfe Gottes sah, denen er Hochachtung und Wertschätzung zollte. Im Klosterpark, an der Statue des Heiligen Franziskus, findet zunächst ein Wortgottesdienst mit Lesung und Fürbitten für die tierischen Freunde statt. Anschließend werden alle anwesenden Tiere einzeln gesegnet. Vor allem Hundebesitzer nehmen dieses Angebot gerne wahr.

Adressen:

Touristinformation der Stadt Blieskastel, Haus des Bürgers, Luitpoldplatz 5, 66440 Blieskastel, Tel.: 06842–9261314, Öffnungszeiten: 1. April bis 31. Oktober Mo bis Fr von 8 bis 16 Uhr, Do bis 18 Uhr, Sa von 10 bis 16 Uhr, an Sonn- und Feiertagen von 10 bis 14 Uhr. Vom 1. November bis Ostern beschränken sich die Öffnungszeiten auf die Werktage.

Wallfahrtskloster der Franziskaner-Minoriten, Klosterweg 35, 66440 Blieskastel, Tel.: 06842 2323, www.wallfahrtskloster-blieskastel.de

Themen-Touren mit Hund

Bliesgau – Wanderung auf den Spuren von Öl, Natur & Pilgern

29

Auch die „Wanderung auf den Spuren von Öl, Natur und Pilgern im Biosphärenreservat Bliesgau" gehört zum vielfältigen Angebot der Saarpfalz-Touristik und wird uns als für Hunde-Gruppen geeignet vorgeschlagen. Wir melden uns mit 10 Zweibeinern und ebenso vielen Hunden zu einem Termin Mitte April an. Die geführte, etwa 10 Kilometer lange Tour verspricht, „ein Potpourri aus kulinarischen Genüssen, kulturhistorischen Stätten und grenzenlosen Weitblicken" zu werden. Es heißt, wir „sehen, spüren, riechen, hören und schmecken das Biosphärenreservat Bliesgau".

Mit dem Schmecken beginnen wir gleich am Touren-Start! Wir treffen die Natur- und Landschaftsführerin Gabriele Hoffmann, die uns auf der Thementour begleiten wird, am Gut Hartungshof

in Bliesransbach. Dort befinden sich auch die Bliesgau Ölmühle und die Gourmetmanufaktur MaLi's Délices. Jörg Hector und Patric Bies stellen als Erstes das Konzept ihrer Ölmanufaktur vor. Wir schauen uns den Produktionsprozess an, kosten von fast allen Ölen und lernen viel über deren Inhaltsstoffe. Von bekannt, interessant bis hin zu gewöhnungsbedürftig empfinden wir den Geschmack der hier produzierten Öle. Gleich im Anschluss probieren wir unterschiedliche Marmeladen- und Pesto-Kreationen der Gourmetmanufaktur MaLi's Délices von Christel Breyer, darunter die Pesto-Geschmacksrichtungen Tomate und Walnuss – liebevoll auf kleinen Brot-Stückchen angerichtet. Die Walnuss-Variante ist so gut, dass sie kürzlich eine 2-Sterne-Prämierung durch internationale Sterne-Köche erhielt.

Das Gut Hartungshof liegt idyllisch inmitten der für diese Kulturlandschaft typischen Muschelkalkfelder und den anliegenden hofeigenen Waldgebieten. Am Gut kreuzen sich verschiedene Wanderwege: der Ölschleifenweg, der Dragonerweg und der Jakobsweg – hier in der Region besser als „Sternenweg/Chemin des étoiles" bekannt. Von hier aus begeben wir uns nun mit Gabriele Hoffmann auf die „Spuren von Öl, Natur und Pilgern". Traumhaft schön ist die Landschaft des Bliesgaus. Erste Fernblicke warten direkt hinter dem Gut auf uns. Ganz in der Nähe deutet uns die am Wegesrand befindliche Muschel an, dass wir uns auf einem Teilstück des Jakobsweges befinden. Rund 130 Kilometer über zwei Routen führt der Jakobsweg zwischen Hornbach und Metz durch das Saarland und Lothringen. Wer mehr über diesen Streckenverlauf des Jakobsweges erfahren möchte, findet auf der Internet-Seite der Wintringer Kapelle (www.kulturort-wintringer-kapelle.de) eine ausführliche Beschreibung.

Hier und da erklärt uns Gabriele Hoffmann die regionale Pflanzen- und Tierwelt und erzählt viele Geschichten und Informatives rund um das von der UNESCO anerkannte Biosphärenreservat „Bliesgau". Unsere Strecke führt uns durch den Schorrenwald, dann ein kleines Stück durch den Kirchenwald, bis wir den Aussichtspunkt Heidenkopf erreichen. Ganz in der Nähe, Richtung Bebelsheim, befindet sich der „Optische Telegraph am Neuhof", der 1998 rekonstruiert wurde. Ich muss zugeben, obwohl ich in dieser Gegend auch gerne mal sonntags zum Gassi-Gehen unterwegs bin, ist mir diese Sehenswürdigkeit nie aufgefallen.

Info: Der „Optische Telegraph am Neuhof" gehört zu der geplanten Telegraphen-Linie von Paris über Metz bis zur Festung Landau, die nie komplett fertiggestellt wurde. Zwischen 1793 und 1854 wurden, ausgehend von Paris, mehrere solcher Telegraphen-Linien errichtet. In etwa 9 bis 12 Kilometer Entfernung standen die Stationen, sodass mit dem Fernrohr die jeweiligen Signale gut zu erkennen waren. Auf einem etwa 7 Meter hohen Mast befand sich das dreiteilige Zeigersystem, das über Drahtseile bedient wurde und mit dem die entsprechenden Buchstaben angezeigt wurden. Erfunden wurde das System bzw. der Buchstaben-Code von dem französischen Ingenieur Claude Chappe (1762-1805).

Wir überqueren die Gräfintalerstraße (Landstraße zwischen Ormesheim und Gräfinthal) und laufen parallel zur Straße abwärts zu unserem nächsten Stopp an der Naturbühne Gräfinthal. Wir schmecken den Bliesgau ein zweites Mal: nun die Produkte des Wintringer Hofes. Wurst, Brot, Äpfel und der äußerst schmackhafte Apfelsaft stehen für uns als Imbiss bereit. Der Wintringer Hof wird von der Lebenshilfe Obere Saar betrieben. Nach Bioland-Richtlinien wird hier eine Vielzahl von Gemüsen angebaut. Zudem werden 14 verschiedene Apfelsorten unter anderem in der eigenen Kelterei zu Apfelsaft verarbeitet. Leider liegt der Hof selbst nicht auf unserer Wanderstrecke.

Info: Naturbühne Gräfinthal:
Seit 1932 gibt es die Naturbühne Gräfinthal. Das Freilichttheater in der Nähe von Bliesmengen-Bolchen besticht durch seine unvergleichliche Kulisse inmitten der wunderbaren Natur und in direkter Nähe zum Kloster Gräfinthal. Träger ist der Kulturverein Bliesmengen-Bolchen, der in ausschließlich ehrenamtlicher Arbeit die Naturbühne betreibt. Etwa 1500 Zuschauer finden hier Platz und können ein vielfältiges Programm anschauen.

Nach der kurzen Rast wandern wir von der Naturbühne weiter zum nahegelegenen Marienwallfahrtsort Gräfinthal. Dass dies ein besonderer Ort ist, spürt man sofort. Seine Entstehung reicht bis ins Jahr 1243 zurück. Gräfin Elisabeth von Blieskastel ließ das Kloster aus Dankbarkeit errichten, trotz der mehrfachen Zerstörung ist es bis heute Pilgerstätte geblieben. Nach wechselvoller Geschichte und jahrhundertelangem Leerstand fand 1993 eine Wiederbesiedlung mit Mönchen statt, die sich seitdem um den Neubau eines Klostergebäudes bemühen. Die umliegenden, wunderbar restaurierten Gebäude und Scheunen ließen Gräfinthal – vor allem auch durch die dort befindlichen gastronomischen Angebote und die Nähe zur Naturbühne – zum beliebten Ausflugsziel werden.

Durch eine imposante Baumallee verlassen wir Gräfinthal und laufen zum Ortsrand von Bliesmengen-Bolchen. Kurz vor den ersten Häusern biegen wir scharf rechts ab und entdecken am Wegesrand wieder eine Jakobsweg-Muschel. Entlang der saftig grünen Streuobstwiesen der Gräfinthaler Hangflächen geht es bergauf in Richtung Sommerberg. Wir befinden uns auf dem Rückweg. Doch bevor wir wieder am Hartungshof ankommen, lädt uns Gabriele Hoffmann noch auf einen Abstecher zur Wendalinuskapelle in Bliesransbach ein. Idyllisch am Ortsrand liegt die im 18. Jahrhundert erbaute Kapelle mit dem „Heiligenbrunnen", zu dem zwei Treppen aus Sandstein hinunterführen. Pfarrgemeindemitglieder kümmern sich ehrenamtlich um die Pflege der Kapelle. Mit viel Engagement haben sie in der Gartenanlage zusätzlich zwei schöne Außenaltäre und eine Kneipp-

anlage errichtet. Nach wie vor finden hier Heilige Messen und Andachten sowie die alljährliche Prozession (im Oktober) mit Pferden, Reitern und Traktoren statt.
Unsere Vierbeiner freuen sich über die Erfrischung am Brunnen und wir nutzen diesen Ort für eine kurze Pause, bevor es auf das letzte Stück der Wanderung geht. Etwas mehr als 2 Kilometer liegen noch vor uns. Jörg Hector und Patric Bies von der Bliesgau Ölmühle erwarten uns schon, denn zum Touren-Abschluss haben sie uns eine regionale Biosphären-Mahlzeit – einen deftigen Eintopf – vorbereitet. Gemütlich sitzen wir nach dem Essen hier noch eine Weile und genießen die April-Sonne mit Blick auf die alten Mauern des Gut Hartungshof.

Eine wunderbare Tour! Das Versprechen, „das Biosphärenreservat Bliesgau zu sehen, spüren, riechen, hören und zu schmecken", wird mehr als eingehalten! Die Themen-Wanderung der Saarpfalz-Touristik ist sehr zu empfehlen und mit Hund macht sie gleich noch viel mehr Spaß!

Adressen:

Saarpfalz-Touristik, Paradeplatz 4, 66440 Blieskastel, Tel.: 06841-1047174, www.saarpfalz-touristik.de, Öffnungszeiten: Mo bis Do von 8.15 bis 16 Uhr, Fr von 8.15 - 15 Uhr

Bliesgau Ölmühle, Jörg Hector & Patric Bies GbR, Gut Hartungshof, 66271 Kleinblittersdorf-Bliesransbach, Tel.: 06805-9298085, www.bliesgauoele.de oder www.leindotter.de, Öffnungszeiten: Di bis Do von 10 bis 12 Uhr und 15 bis 17 Uhr, Sa von 10 bis 12 Uhr und nach telefonischer Absprache

Gourmetmanufaktur MaLi's Délices, Christel Breyer, Gut Hartungshof, 66271 Kleinblittersdorf-Bliesransbach, Tel.: 06805-6007063, www.malis-delices.de, Öffnungszeiten: Di bis Do von 10 bis 12 Uhr und 15 bis 17 Uhr, Sa von 10 bis 12 Uhr und nach telefonischer Absprache

Wintringer Hof, Am Wintringer Hof 7, 66271 Kleinblittersdorf, Tel.: 06805-1045, www.lebenshilfe-obere-saar.org/wintringer-hof, Öffnungszeiten: Mo bis Do 15 Uhr bis 19 Uhr, Fr 9 bis 19 Uhr, Sa 9 bis 14 Uhr. Infos zur Wintringer Kapelle sind unter www.kulturort-wintringer-kapelle.de zu finden

Naturbühne Gräfinthal / Kulturverein Bliesmengen-Bolchen e.V., 66399 Mandelbachtal, Tel.: 06804-6556, www.naturbuehne-graefinthal.de

Kloster Gräfinthal, Benediktiner-Priorat Gräfinthal, 66399 Mandelbachtal, Tel.: 06804-6836, www.benediktiner-kloster-graefinthal.de, Öffnungszeiten: Besucher des Klosters sind willkommen von 11.30 bis 12.30 Uhr und von 18 bis 19 Uhr

Themen-Touren mit Hund

Spaziergang mit Anti-Jagdtraining im Naturwildpark Freisen

30

Der Naturwildpark Freisen im Landkreis St. Wendel ist nicht nur für Besitzer von Hunden mit Jagd-Passion eine perfekte Übungsumgebung, denn auf dem 1,8 Kilometer langen Rundweg können ca. 400 Tiere angeschaut werden, die zum Teil frei im Park herumlaufen, wie zum Beispiel Dutzende von Hängebauchschweinen, Ziegen oder auch das Rot-, Dam- oder Sikawild. Viele Tiere haben dabei ihre Scheu vor Menschen und Hunden ziemlich verloren. So erweisen sich die neugierigen Hängebauchschweine ab und an als treue Begleiter beim Rundgang durch den Park und stellen für manchen Hundebesitzer eine besondere Herausforderung dar. In den Bereich der Falknerei zur Flugvorführung dürfen Hunde nicht mitgenommen werden. Wer vom Rundgang durch den Park hungrig geworden ist, der findet am Eingang die Wildpark-Stube. Hunde sind dort willkommen, Gruppen empfehle ich, vorab zu reservieren.

Mein Tipp: *Immer schön fest die Leine in der Hand behalten und auf den Hund aufpassen. Bei einem Hundeschul-Ausflug ist es uns tat-*

sächlich schon mal passiert, dass einem Herrchen kurz vor dem Parkausgang die Leine aus der Hand gerutscht ist und nicht nur die Hängebauchschweine und der Hund „Gas gegeben" haben, sondern auch ein paar Zweibeiner, um Schlimmeres zu vermeiden. Zum Glück ist es uns gelungen.

Tipp: Mittelaltermarkt im Naturwildpark Freisen

Einmal im Jahr findet auf dem Gelände direkt neben den Tiergehegen ein wunderschöner Mittelaltermarkt statt, der mittlerweile zu den größten mittelalterlichen Lagermärkten Deutschlands zählt. Ich habe ihn im letzten Jahr besucht und mich beeindruckte vor allem die Stimmung in der Dämmerung, als ich zum Eingang lief und von der Anhöhe aus links die friedlich umherlaufenden Tiere des Naturwildparks und rechts die vielen Kerzen und Feuer des Mittelaltermarktes sah. An vielen Marktständen kann man Handwerkskunst, Schmuck und vieles mehr kaufen und auch für den kleinen Hunger und Durst findet sich allerlei, was es auf anderen Festen nicht gibt. Das Mitnehmen von Hunden fällt nicht weiter auf, denn viele Mittelalter-Fans haben ebenfalls meistens ihre Hunde dabei. Termine und weitere Infos hierzu: www.mittelaltermarkt-freisen.de.

Ausflugstipp: Burg Lichtenberg

Wer sich gerne noch etwas in der Gegend umschauen möchte, dem kann ich einen Abstecher zur Burg Lichtenberg bei Kusel empfehlen. Vom Naturpark Freisen aus erreicht man sie mit dem Auto in ca. 15 Minuten. Sie ist eine der größten Burgenanlagen Deutschlands (Länge: 425 Meter) mitten im Herzen des Pfälzer

Berglandes. Der Ursprung der von den Grafen von Veldenz und den Herzögen von Pfalz-Zweibrücken errichteten Burg geht bis in das Jahr 1200 zurück. Sie wurde zwar nie vom Feind zerstört, ein verheerender Brand im Jahr 1799 ließ sie aber als Ruine zurück. Die Burg ist ganzjährig frei zugänglich, Burgführungen finden von April bis Oktober an Sonn- und Feiertagen, jeweils um 15.00 Uhr statt. Führungen nach Vereinbarung sind jederzeit möglich.

Auf dem Burgareal befinden sich heute eine Jugendherberge, das Musikantenland-Museum, eine Naturschau sowie das Urweltmuseum Geoskop (www.urweltmuseum-geoskop.de). Ein Spaziergang durch die Burganlage ist sehr schön und wer nach dem Rundgang hungrig geworden ist, der kann selbstverständlich mit Hund in der Burgschenke einkehren oder im Außenbereich Platz nehmen. Bei Gruppen mit vielen Hunden ist eine vorherige Reservierung notwendig.

An meinen letzten Besuch der Burg zusammen mit zwei Freundinnen erinnere ich mich gerne und muss ein wenig schmunzeln. Im betagten Opel Corsa hielten wir zum Einparken auf dem Burgparkplatz direkt neben einem Bus mit einer größeren Senioren-Gruppe. Die komplette Reisegesellschaft kommentierte natürlich unseren Einparkversuch, wurde aber immer leiser, als nicht nur drei Damen aus dem Auto ausstiegen, sondern auch noch Larry (ein hochgewachsener Collie, wie aus den Lassie-Filmen), der zu groß geratene, schokofarbene Labrador Rocky und zum Schluss noch mein zugegebenermaßen damals zu dicker Border Collie Jackie. Die Reaktionen und die erstaunten Gesichter der Senioren darüber, dass drei Menschen und drei große Hunde in einen kleinen Corsa passen, ließ uns bis zur Rückfahrt das Grinsen nicht mehr aus dem Gesicht weichen.

Tipp für den Nachhause-Weg: Kaffee- und Tee-Genuss in der Reismühle

Die Reismühle in Krottelbach habe ich per Zufall auf dem Nachhause-Weg entdeckt und ich finde, sie ist auf jeden Fall einen Zwischenstopp wert. Besonders im Sommer ist die Einkehr mit Hund hier sehr schön, denn im Außenbereich der Kaffeemanufaktur Reismühle mit angeschlossenem Land-Café gibt es genügend Sitzmöglichkeiten. Vorführungen mit Infos zum Kafferösten bietet die Reismühle ebenfalls an. Allerdings können die Hunde nicht in den Innenbereich des Cafés oder zu den Röstvorführungen mitgenommen werden. Im kleinen Hofladen kann nach Lust und Laune geshoppt werden, dort gibt es allerlei Kaffee-, Tee- oder Schokoladenspezialitäten.

Adressen:

Naturwildpark Freisen, Hermbacherhof 1, 66629 Freisen, Tel.: 06855-996463, www.naturwildpark-freisen.de. Eintritt für Hunde 1 Euro, für Erwachsene 8 Euro, für Kinder 5 Euro. Öffnungszeiten: vom 15. November bis 28. Februar ab 10 Uhr bis Einbruch der Dunkelheit, Kassenschluss 16 Uhr, März bis November ab 10 Uhr bis Einbruch der Dunkelheit, Kassenschluss 18 Uhr

Restaurant auf der Burg Lichtenberg, Burg Lichtenberg, 66871 Thallichtenberg, Tel.: 06381–2633, www.burglichtenberg.de, Öffnungszeiten: Das Restaurant ist ab 10 Uhr geöffnet, Küchenzeiten sind von 11.30 bis 14 Uhr und 18 bis 22 Uhr. Nachmittags gibt es eine Vesperkarte.

Reismühle Kaffeemanufaktur e.K., Reismühle 1, 66909 Krottelbach, Tel.: 06384-925771, www.reismuehle.info, Öffnungszeiten: Hofladen: Fr, Sa und So 10 bis 18 Uhr, Feiertag 13 bis 18 Uhr, Landcafé: Fr 13 bis 18 Uhr, Sa und So 9 bis 18 Uhr, Feiertag 13 bis 18 Uhr

Themen-Touren mit Hund

Mit Hund ins Freibad

31

Die Idee zu „Hund im Freibad" hatten Thomas Hinze aus Berlin und Christian Rerop aus Henstedt-Ulzburg. Beide sind passionierte Hunde-Fans und jeder für sich hat schon andere Projekte realisiert, wie zum Beispiel die von Hinze entwickelte App zur Online-Tierarztsuche (www.vetfinder.mobi) oder „Mit Hund & App unterwegs" (www.dog-apps.de) von Rerop. Viel Zeit und Mühe haben sie in ihre neue Aktion „Mit Hund ins Freibad" gesteckt. Es hat sich gelohnt! Seit 2014 schlossen sich bundesweit, in Österreich, der Schweiz und den Niederlanden bereits über 40 Freibäder an und veranstalteten Hundeschwimmtage. Die beiden Initiatoren können zwar nicht überall dabei sein, stehen aber allen interessierten Freibädern in Sachen Umsetzung mit Rat und Tat zur Seite.

Das Schwarzenbergbad (Totobad) in Saarbrücken macht Mitte September 2015 den Anfang und öffnet als erstes Freibad im Saarland seine Pforten und Becken für Vierbeiner – natürlich erst nach Abschluss der offiziellen Freibad-Saison. Wie so ein Hunde-Schwimmtag aussieht, möchte ich mir natürlich anschauen. Kurzerhand frage ich Labrador Rocky samt Frauchen, ob die beiden mich als Test-Team begleiten möchten. Klar! Labbie und Wasser – das passt immer!

Sechzig Cent kostet der Eintritt pro Fuß und Pfote. Dafür gibt es Wasser- und Schwimmspaß pur für den Vierbeiner. An der Kasse hören wir schon das aufgeregte Bellen. Als wir das Becken erreichen, stürmen die ersten Hunde neugierig auf uns zu. Alle sind abgeleint. Da Rocky bereits betagter ist und dem Trubel, der gerade am Stufeneingang des Schwimmbeckens herrscht, nichts abgewinnen kann, gehen wir zur gegenüberliegenden Seite. Stefan Brand, der Betriebsleiter des Schwarzenbergbades, erklärt mir, dass bei Bedarf bzw. bei großem Andrang bis zu drei Becken geöffnet werden, damit sich Hunde und Halter besser verteilen können. Oben im Sportbecken wurde extra eine Rampe zum leichteren Ein- und Aussteigen angebracht.

Ohne Rampe oder Stufen kostet Rocky das Hineingleiten vom Beckenrand anfänglich ziemlich viel Überwindung, während Golden Retriever Wilson neben uns mutig ins kühle Nass springt, um seinen Apportier-Gegenstand aus dem Wasser zu fischen. Auch Parson Jack Russell Gilo sprintet an Rocky vorbei und macht einen noch weiteren Sprung ins Wasser. Wie ferngesteuert wirkt der kleine Kerl und seine Menschen erzählen, dass sie extra aus Frankreich gekommen sind, um sich die Veranstaltung im Totobad anzuschauen und um Gilos Lieblingsbeschäftigung am Sonntag nachzugehen. Auch die vielen anderen Vierbeiner, die vergnügt ins Wasser und wieder hinaus hüpfen, haben sichtlich Spaß. Herrchen und Frauchen stehen zufrieden dabei. Ist der Vierbeiner glücklich – freut sich der Mensch! Der Gong ertönt mit der Info, dass das Bad schließt. Alle sind sich einig: Beim nächsten Mal wird gerne wieder Eintritt für „Fuß und Pfote“ bezahlt.

Stefan Brand ist begeistert, wie viele Hundehalter zum ersten Schwimmtag kamen und vor allem, wie reibungslos alles abgelaufen ist. Er kann sich gut vorstellen, dass das Totobad im nächsten Jahr wieder bei der Aktion mitmacht. Vielleicht sogar an mehreren Tagen. Ich bin dann sicherlich auch wieder dabei. Mir hat es gefallen!

Info:

Wer auch mal „Hund im Freibad“ miterleben will, findet die Termine und weitere Infos im Internet unter www.hundimfreibad.de

VetFinder UG, Thomas Hinze, Goethestraße 2-3, 10623 Berlin, Tel.: 030-60987916, www.vetfinder.mobi

Bäderbetriebsgesellschaft Saarbrücken mbH (BBS), Hohenzollernstraße 104-106, 66117 Saarbrücken, Tel.: 0681-5870, www.saarbruecker-baeder.de

Themen-Touren mit Hund

Knabbern für Hunde verboten! Giftige Pflanzen in Haus, Garten und Natur

32

Eva-Marie Ratius gründete 2002 ihre Firma MagMell. Seitdem bietet sie vielfältige Dienstleistungen rund um das Thema „Garten" an – von der Beratung über die Planung bis hin zu Garten-Kursen. Ihr umfangreiches Wissen gibt sie gerne weiter an Garten-Fans und solche, die es werden wollen.

Ich muss zugeben, mein „grüner Daumen" ist sehr bescheiden. Von Eva-Marie Ratius könnte ich viel lernen. Aber vorab interessiert mich ein Angebot, das sie speziell für Hundebesitzer entwickelt hat: ihre Info-Veranstaltung „Knabbern verboten! – Giftige Pflanzen für Hunde in Haus, Garten und Natur". Man kann sich als Einzelperson diesbezüglich beraten lassen, einen Garten-Check oder auch einen (Gruppen)-Termin für eine Info-Veranstaltung vereinbaren.

Mit einigen Hunde-Herrchen und -Frauchen aus dem Bekanntenkreis buche ich einen gemeinsamen Termin. Gleich die erste Frage von Eva-Marie Ratius erstaunt uns: „Wer wirft seinem Hund unterwegs ab und an ein Stöckchen?" Natürlich kennen alle die Verletzungsgefahr, die vom Spielen mit Stöckchen ausgeht. Aber was hat das mit giftigen Pflanzen zu tun? Die Antwort kommt prompt: „Robinie und Eibe zum Beispiel sind hochgiftig, da reicht es schon, wenn der Hund kurz an einem

Ast knabbert." Ich habe keine Ahnung, wie eine Eibe genau ausschaut. Eva Marie Ratius zeigt uns daher einige Äste. Wenn ich nicht schon vorher das Spielen mit Stöcken vermieden hätte, würde ich es jetzt tun!

Gleich neben dem Eiben-Zweig liegen diverse Blumen-Zwiebeln und auch etwas Efeu – ebenfalls giftig für Hunde. Ich denke an die Tulpen-Zwiebeln, die ich extra aus Holland mitgebracht und eingegraben hatte – in der Hoffnung, ein wenig Farbe in meinen sonst recht „grün-lastigen" Garten zu bringen. Kürzlich lagen sie ausgebuddelt neben dem Beet. Das hat mich ziemlich geärgert, aber ehrlich gesagt habe ich mir keine Sorgen gemacht, dass sich meine Hunde womöglich daran hätten vergiftet können. Mir war es auch bis dahin nicht bewusst, wie giftig einige der Blumenzwiebeln sind.

Und so zählt die Expertin ein Gewächs nach dem anderen auf. Mal sind es die Blätter oder Früchte, mal die Wurzeln, die zu Vergiftungen führen können. Auch über giftige Zimmer-Pflanzen hat sie einiges zu erzählen. Ein Beispiel: der Weihnachts-Stern, vor Weihnachten in vielen Wohnzimmern zu finden. Bereits in geringen Mengen kann der Verzehr Erbrechen, Durchfall oder auch Koliken verursachen bis hin zu Zentralnervenstörungen oder Lähmungen. Davon kommt mir jedenfalls keiner mehr ins Haus!

Viele weitere Pflanzen stellt Eva-Marie Ratius in einem zusätzlichen Bildervortrag vor. Sie erklärt, welche Pflanzenteile jeweils giftig sind, welche Vergiftungserscheinungen auftreten können und gibt Tipps für sinnvolle Erste Hilfe-Maßnahmen. Ihr Vortrag ist höchst interessant und wir alle sind uns im Anschluss einig: Jeder Hundehalter sollte sich mit dem Thema auseinandersetzen! Eine gute Pflanzen-Kenntnis ist auf jeden Fall die beste Vorbeugung.

MagMell, Eva-Marie Ratius, Jägerstraße 6, 66125 Saarbrücken, Tel.: 06897-768283, www.mag-mell.de

Hätten Sie's gewusst?

Auf den Internet-Seiten des Schweizer Institutes für Veterinärpharmakologie und - toxikologie in Zürich findet man unter www.giftpflanzen.ch viele Informationen zum Thema sowie Hinweise über die jeweiligen Symptome bei entsprechenden Vergiftungen.

Themen-Touren mit Hund

Segelstunde mit Hund

33

Wer sich den Wind nicht aus den Segeln nehmen lässt, der ist bei einem Schnupper-Segelkurs mit Hund bei der S.A.L.T. Segelschule am Bostalsee genau richtig. Drei Stunden dauert das Erlebnis auf dem rund 120 Hektar großen Stausee, der idyllisch im St. Wendeler Land liegt. Segel-Jolle und -Lehrer sowie Rettungswesten stehen zur Verfügung: Einem ersten Segel-Erlebnis steht also nichts im Wege. Nur für den Hund sollte eine eigene Schwimmweste mitgebracht werden. Der persönliche Guide vermittelt Basis-Informationen und zeigt, wie man zum Beispiel an- und ablegt oder die Segel setzt. Auch „Wenden und Halsen" stehen auf dem Übungs-Plan, der ganz individuell je nach den eigenen Vorkenntnissen und Fähigkeiten abgestimmt wird. Im Boot können übrigens bis zu zwei weitere Personen mitsegeln. Damit man sich auf die Instruktionen des Segel-Lehrers konzentrieren kann, sollte der Hund gut erzogen sein und Grundkommandos wie Sitz und Platz beherrschen.

Mit vier weiteren Hunde-Frauchen habe ich mich zu einem Schnupperkurs angemeldet. Es ist fast windstill. Daher entscheiden wir uns, gemeinsam mit Segel-Lehrer Thilo und unseren fünf Hunden, nur ein Boot zu benutzen. Zugegebenermaßen ist es etwas eng, dafür aber sehr kommunikativ und informativ. Thilo erzählt uns viel vom Segeln und wir lauschen gebannt,

während wir gemütlich über den See gleiten. Es ist ein ganz anderes, besonderes Gefühl, den Bostalsee einmal vom Wasser aus zu erleben. Es hat uns allen so viel Spaß gemacht, dass sicherlich ein weiterer Kurs folgen wird. Ob es unseren Hunden ebenso erging? Sie lagen zumindest entspannt in dem kleinen Boot. Die anschließende Schwimm-Runde im See hat sie auf jeden Fall für ihr „kooperatives Stillhalten" entschädigt.

Schnupper-Segelstunden sind von April bis Oktober möglich. Die S.A.L.T. Segelschule bietet darüber hinaus als eine vom Deutschen Segler Verband anerkannte Ausbildungsstätte zahlreiche Kurse und auch entsprechende Prüfungen für den Grundschein und Sportbootführerschein an.

S.A.L.T. Segelschule am Bostalsee, Am Seehafen 3, 66625 Nohfelden-Bosen, Tel.: 0800-9670796 (kostenlos), www.saltyacht.com

Wenn es noch etwas mehr sein darf: Wie wäre es mit Stand-Up-Paddling mit Hund?

Die S.A.L.T. Surfschule bietet unter anderem am Bostalsee auch das sogenannte „Stand Up Paddling" (SUP) an. Auf einem Surfbrett, auf dem bequem auch große Hunde Platz haben, gleitet man mit Hilfe eines Stehpaddels über das Wasser. In zweistündigen Kursen lernt man mit Paddel und Board umzugehen, Equipment und Neopren sind inklusive. Wer keinen Kurs machen will, kann Surfbrett und Zubehör auch mieten und auf eigene Faust den See erkunden.

Stand Up Paddling ist die einzige hier im Buch genannte Freizeit-Beschäftigung mit Hund, die ich im Rahmen der Recherchen nicht selbst ausprobiert habe. Leider habe ich erst nach Saison-Ende davon erfahren. Ich freue mich aber schon auf die Bade-Wetter-Zeit im kommenden Jahr, Stand Up Paddling steht jedenfalls schon auf meiner Agenda! Mal sehen, was meine Hunde dazu sagen!

S.A.L.T. YACHT GmbH - Bereich Surfschule, Am Strandbad Gonnesweiler, 66625 Nohfelden-Gonnesweiler, Saison von April bis Oktober, Mo bis So von 9 bis 22 Uhr, Tel.: 0800-9670796 (kostenlos), www.salt-surfschule.de

Themen-Touren mit Hund

Kanu-Touren mit Hund

34

Ein Hauch von Trapper-Romantik gefällig? Wer noch eine besondere Herausforderung auf dem Wasser sucht, für den könnten die Kanu-Touren mit Hund genau das Richtige sein. Insgesamt drei Touren von zwei Anbietern haben wir getestet. Zwischen 14 und 18 Mensch-Hund-Teams nahmen jeweils teil. Zusätzlich begleitete uns ein erfahrener Kanu-Guide, den wir hinzugebucht hatten.

Ein paar Hinweise vorab: Auch ein Hund kann in Panik geraten, wenn das Kanu kentert. Je nachdem, auf welchem Fluss man unterwegs ist, sollte die Strömung nicht unterschätzt und die Ausdauer des Hundes nicht überschätzt werden. Ich empfehle, dem Hund auf jeden Fall eine Schwimmweste anzulegen, auch wenn er gut schwimmen kann. Man kann sie mittlerweile in fast jedem größeren Tierzubehör-Geschäft oder auch im Online-Handel recht günstig kaufen. Eine Leine sollte dem Hund grundsätzlich im Kanu nicht angelegt werden, da diese sich nach einer Kenterung in Ästen unter oder auch über Wasser verhaken kann. In der Regel kann jeder Hund zu einer solchen Tour mitgenommen werden. Nachdem die erste Hürde – der Einstieg ins Kanu – geschafft ist, kehrt bei den meisten Vierbeinern Ruhe ein, sobald Herrchen und Frauchen gelernt haben, wie man mit dem Paddel umgeht. Einem gemeinsamen sicheren Kanu-Vergnügen steht dann nichts mehr im Wege.

Blies und Nied erkunden mit Freizeit Aktiv

Der Wahl-Saarländer Werner Amann bietet seit 1988 mit seiner Firma „Freizeit Aktiv" geführte Kanu-Touren auf heimischen Gewässern bis zu Ardèche-Freizeiten an. Seine Kanu-Tagestouren führt er im Saarland und in Luxemburg auf der Nied, der Blies und der Sauer durch. Wir melden uns für eine Nied-Tour und wenig später für die Blies-Tour an. Die Kanus werden jeweils per Hänger an den vereinbarten Startpunkt gebracht. Bei der Blies-Tour treffen wir uns in Reinheim, die Strecke verläuft von hier aus nach Bliesschweyen. Auf der Nied fahren wir von Freistroff (Treffpunkt) bis nach Filstroff. Am Startpunkt erhalten wir jeweils eine kurze Einführung, erste Tipps sowie eine Schwimmweste – für unsere Vierbeiner haben wir eigene Hunde-Schwimmwesten dabei. Von der trockenen Kleidung, die in wasserdichten Tonnen in den Kanus verstaut wird, müssen einige der Kanu-Newcomer im weiteren Verlauf Gebrauch machen. Trotz der Einführung will es uns die ersten 15 Minuten nicht gelingen, geradeaus zu fahren. Nach ca. 20 Minuten kehrt jedoch Ruhe ein und wir sind alle „auf Kurs" – bis (!) wir an die Wehre kommen. Das richtige Einfädeln, das Rutschen nach unten sowie das Kanu anschließend trotz der Strömung wieder ruhig zu halten, ist für Anfänger, die zusätzlich auf ihren Hund aufpassen müssen, nicht einfach – macht aber „tierisch" Spaß! Ca. vier Stunden sind wir inkl. der Pause unterwegs. Beide Touren sind landschaftlich sehr reizvoll. Es ist ein besonderes Erlebnis, Natur und Tiere am Flussufer vom Kanu aus zu beobachten.

Mit dem Kanu auf Saar(Fari)

Carola und Daniel Schulz von Kanu SaarFari, die ihre Kanu-Station im rheinland-pfälzischen Schoden (kurz hinter Saarburg) betreiben, bieten ebenfalls Touren in unterschiedlicher Länge sowie Kanu-Reisen an. Wer sich keiner Gruppen-Tour anschließen möchte, der kann von April bis Oktober auch als Einzelperson an der Station Kanus plus Equipment ausleihen. In der Kanu-Miete ist natürlich eine gründliche Einweisung eingeschlossen.

Anfängern, die mit ihrem Hund zum ersten Mal im Kanu sitzen, würde ich raten, zuerst einmal an einer geführten Tour teilzunehmen. Wir haben uns aus dem Angebot von Kanu SaarFari die „Sanfte Tour" ausgewählt, die auf der Saar von der Staustufe Serrig über Saarburg nach Schoden verläuft. Bei der Staustufe Serrig handelt es sich um Deutschlands größte Flussstaustufe (14,5 Meter).

Wir befinden uns in der Weinregion des Saarrieslings und fahren gemütlich entlang bekannter Weindörfer wie Ockfen und Ayl. Neben der wunderbaren Landschaft, die an uns vorüberzieht, gibt es ein weiteres Highlight: der Abstecher in die Leuk in Saarburg. Wir paddeln bis zum Leukkessel, von dem aus wir einen besonders schönen Blick auf den 18 Meter hohen Wasserfall haben. Bei der „Sanften Tour" sind zwar keine Wehre zu überwinden, doch die Saar ist Großschifffahrtsstraße. Die wenigen an uns vorbeifahrenden großen Ausflugs- und Transportschiffe bringen unsere 4er-Kanadier ordentlich ins Schaukeln. Aufgrund der geringen Fließgeschwindigkeit der Saar handelt es sich jedoch überwiegend um eine gemütliche Tour, die allerdings aufgrund der Länge eine einigermaßen gute

Kondition beim Zweibeiner voraussetzt. Insgesamt ein tolles Erlebnis für Mensch und Hund, es wird nicht unsere letzte Tour gewesen sein. Die nächste Kanu-Saison kommt bestimmt und es gilt noch einige Touren auszuprobieren.

Tipp: *Wem nach der Kanu-Tour der Magen knurrt, für den gibt es hier noch einen Restaurant-Tipp. Im Gasthaus Bidinger in Schoden sind vierbeinige Gäste herzlich willkommen. Inhaberin Christel Maxminer und das gesamte Team des familiengeführten Gasthauses überzeugen durch perfekten Service und Freundlichkeit. In der gemütlichen Gaststube bekommt man leckere regionale, gut-bürgerliche Gerichte zu einem sehr guten Preis-Leistungs-Verhältnis. Vom Salat über Schnitzel bis hin zu vegetarischen Gerichten bietet das Gasthaus eine umfangreiche Speisekarte. Im Sommer lässt es sich in dem direkt am Saar-Radweg gelegenen Biergarten bei einem hauseigenen Wein oder Viez gut verweilen.*

Adressen:

Freizeit Aktiv, Werner Amann, Im Füllengarten 68, 66115 Saarbrücken, Tel.: 0681-77775, www.freizeitaktiv.de

Kanu Saar Fari GbR, Carola und Daniel Schulz, Kanustation Wassersportzentrum Schoden direkt am Saarufer, 54441 Schoden, Tel.: 0152-34003462, www.kanusaarfari.de, Öffnungszeiten: während der Saison (Mitte April - Ende Oktober) täglich von 10 bis 18 Uhr geöffnet

Gasthaus Bidinger, Christel Maxminer, Klosterstraße 30, 54441 Schoden, Tel.: 06581-99260, Öffnungszeiten: Di bis So von 9 bis 22 Uhr, Ruhetag: Mo

Lust auf Meer!

Urlaubstipp Texel

Wenn Sie das Fernweh packt und Sie für Ihren nächsten Urlaub noch ein Reiseziel mit absolutem Wohlfühl-Faktor für Mensch und Hund suchen, dann empfehle ich Ihnen die niederländische Insel Texel. Sie gehört zur Provinz Noord-Holland und ist keine 30 Kilometer lang und weniger als 10 Kilometer breit. Sie ist die größte der sogenannten Westfriesischen Inseln. Auf dem flachen Eiland leben genauso viele Schafe wie Menschen (etwa 9.000 Stück) und im Frühjahr springen zusätzlich weitere 17.000 Lämmer über die Weiden, die sich über die gesamte Insel verteilen.

Von Saarbrücken aus erreicht man nach ca. 560 km Fahrt die kleine Hafenstadt Den Helder. Von hier aus setzt man bequem, in knapp 20 Minuten, mit der Autofähre über. Texel darf mit dem Auto befahren werden, das Straßennetz ist gut ausgebaut – noch besser ist das Netz an Fahrrad- und Wanderwegen. Die

Infrastruktur aus Gastronomie, medizinischer und tierärztlicher Versorgung, Shopping und Freizeitaktivitäten ist hervorragend. Texel wirbt damit, dass „Mensch und Hund das Inselgefühl genießen können und die Vierbeiner in den meisten Gebieten sowie in vielen Unterkünften, Restaurants und Strandpavillons willkommen sind". Der Tourismus spielt auf der kleinen Insel eine sehr große Rolle, das Angebot an Ferienhäusern oder -wohnungen sowie Hotels, in denen Hunde erlaubt sind, ist reichhaltig.

Für mich ist insbesondere die Vor- oder Nebensaison die perfekte Reisezeit. Texel ist dann ein wahres Paradies für Hundehalter, denn die Strände sind fast menschenleer und die Vierbeiner können sich richtig austoben. Einzig um die Strandpavillons herum ist in dieser Zeit mit einer stärkeren Frequentierung zu rechnen. Die totale „Entschleunigung" folgt spätestens, wenn man durch eines der vielen Naturschutzgebiete wandert und in der Heide- und Dünenlandschaft lediglich auf Pferde, Schafe und Hochland-Rinder trifft. Wanderer und Naturliebhaber kommen auf Texel voll auf ihre Kosten und werden die Vielfältigkeit der Insel kennen und lieben lernen. Übrigens: An den meisten Stränden dürfen die Hunde frei laufen, nur in den Naturschutzgebieten und bestimmten ausgewiesenen Bereichen besteht eine Leinenpflicht. Wer sich von einer Wanderung oder einem langen Strandspaziergang erholen möchte, der kann zum Beispiel in einem der Strandpavillons – den Paals – gemütlich drinnen sitzen oder sich auf der Terrasse mit Blick auf das Meer den Wind durch die Haare wehen lassen. Dazu ein Kaffee mit original „Texelscher Appeltaart" und der Tag ist perfekt! Fahrrad-Fans müssen ebenfalls nicht auf ihr Hobby verzichten. Man kann sich nicht nur überall Räder („Fietsen") ausleihen, auch Hunde-Fahrrad-Anhänger stehen fast in jedem Verleih in großer Anzahl zur Verfügung. Der Anblick der so gemeinsam mit ihren Besitzern „umher-düsenden" Vierbeiner prägt für mich schon fast das Bild der Insel. Einen Besuch des Naturkundemuseum „Ecomare" mit seinem Auffangzentrum für Seehunde sollte man unbedingt mit einplanen. In den kleinen Inselorten wie „Den Burg" oder „De Koog" kann man entspannt umherschlendern und in den vielen schönen Geschäften stöbern und shoppen.

Ich habe Texel schon unzählige Male besucht. Zuletzt im Mai 2015 mit insgesamt 23 Personen und ebenso vielen Hunden, im Rahmen meiner Hundeschulen-Urlaubswoche. Ob bei den gemeinsamen Schiffstouren zu den Robbenbänken, der Kutschfahrt mit den Kaltblütern von Jan Plezier durch die Dünen oder auch bei Restaurant-Besuchen – auf die Frage, ob wir unsere Hunde mitbringen können, antwortete der Texelaner fast immer mit einem kurzen, freundlichen „Kein Problem". Texel ist für mich ein Ort für einen perfekten Hundeurlaub! Wen das sogenannte, viel zitierte „Texel-Virus" infiziert hat, wird es garantiert nicht mehr los!

Weitere Informationen & Unterkünfte:

VVV Texel, Emmalaan 66, NL-1791 AV Den Burg, Tel: 0031-222 – 314741, www.texel.net

Willkommen mit Hund
– Gastrotipps für Sie getestet!

Für Nicht-Saarländer an dieser Stelle kurz das wichtigste saarländische Lebens-Motto: „Hauptsach gudd gess"! Daher dürfen natürlich in diesem Buch auch die Gastro-Tipps nicht zu kurz kommen. Die saarländische Gastlichkeit und Restaurant-Vielfalt ist über die Grenzen hinaus bekannt. Gut erzogene Hunde sind meistens willkommen. Hier eine kleine Auswahl an Restaurants und Cafés, die wir in den letzten Monaten (mitunter auch als Gruppe mit mehreren Hunden) ausprobiert und die sich als sehr hundefreundlich erwiesen haben. Alle aufgeführten Adressen sind stark frequentiert, daher empfehle ich – vor allem auch als Gruppe – vorab zu reservieren. Ich wünsche viel Spaß beim Schlemmen und Genießen!

Berus: Margaretenhof

In den 1970er Jahren begann der Margaretenhof als kleine Pension mit zwei Fremdenzimmern. Die Umbauarbeiten in den 1990er Jahren und auch die umfangreichen Renovierungsarbeiten in 2012/2013 machten ihn zu dem, was er heute ist: ein wunderschönes Hotel-Restaurant in perfekter Lage mit Fernsicht über das gesamte Saartal. Die Berus-Tafeltour läuft direkt am Margaretenhof vorbei, das Europa-Denkmal und die Oranna-Kapelle sind ebenfalls in unmittelbarer Nähe zu finden. Das Hotel-Restaurant ist daher bei Wanderern, Ausflüglern oder für Familienfeiern gleichermaßen beliebt. Das liegt vor allem auch an dem traditionellen Buchenholzgrill, der als Herzstück inmitten des Restaurants ein besonderes Flair verbreitet. Inhaber Christoph Schneider verbindet gerne „Altbewährtes mit dem Zauber des Neuen". Seine Speisekarte hält dementsprechend für jeden Geschmack etwas bereit: ob saarländischer Schwenker, feiner Fisch oder auch die köstlichen Dessert-Variationen. Der gemütliche Wintergarten und die Außen-Terrasse bieten nicht nur im Sommer zusätzliche Sitzmöglichkeiten. „Gut erzogene Hunde sind bei uns immer willkommen", sagt Christoph Schneider. Dies gilt natürlich nicht nur für das Restaurant, sondern auch für die Hotelzimmer.

Hotel-Restaurant Margaretenhof, Margaretenhof 1, 66802 Überherrn-Berus, Tel.: 06836-2010, www.margaretenhof-berus.de, Öffnungszeiten: Mo bis Sa von 15 bis 24 Uhr, So von 11 bis 24 Uhr, Ruhetag: Do

Eppelborn : Cult Restaurant.Cafe.Lounge

Morgens, mittags oder abends – im „Cult" in Eppelborn ist man zu jeder Tageszeit gut aufgehoben. Klaus Michael Roder und Ralf Steuer bieten in ihrem Restaurant täglich ein umfangreiches Frühstück zum Einstieg in den Tag an. Nach dem Motto „frankophile Küche mit deutschem Einschlag" wählt man mittags oder am Abend eines der verschiedenen Gerichte der kreativen Speisekarte aus. Die beiden Restaurant-Inhaber verfügen über umfangreiche Gastronomie-Erfahrungen, denn mit Rosch's Event-Catering sind sie seit vielen Jahren als Caterer – vor allem im Bereich Fingerfood – aktiv. Ihr Wunsch, ein eigenes Restaurant zu betreiben, wurde im Februar 2015 Realität. In den ansprechenden Räumlichkeiten mit der offenen Empore und den großzügig hohen Decken, mitten in Eppelborn, ist seitdem das „Cult" zu finden, in dem auch vierbeinige Gäste herzlich willkommen sind.

Cult Restaurant, Europaplatz 4, 66571 Eppelborn, Tel.: 06881-961880, www.cult-eppelborn.de, Öffnungszeiten: Mo bis Sa von 9 bis 14.30 Uhr und von 17.30 bis 22 Uhr, Ruhetag: So (außer jeden 1. Sonntag im Monat Schlemmer-Frühstück)

Losheim am See: Dellborner Mühle

Die Hundefreundlichkeit der „Dellborner Mühle" zeigt sich schon durch die 3-jährige Leonberger-Dame Elena von der Hirschhalde – kurz Lissy genannt –, die meist gemächlich vor dem Restaurant umherspaziert. Sie gehört Familie Rolles-Reinert, die die Dellborner Mühle betreibt und neben Hunden noch einige weitere Tiere besitzt. Das Restaurant ist äußerst beliebt und meist stark frequentiert, was sicherlich auch an der günstigen Lage mitten im Grünen liegt – am Startpunkt des Lückner-Wanderweges. In dem Hotel-Restaurant kann man vorzüglich speisen. Fangfrische Forellen gehören ebenso wie diverse Wild-Gerichte zu den Spezialitäten des Hauses. Wander-Freunde können hier nicht nur gut essen, auch eine Übernachtung mit Hund in einem der 5 Einzel- und 12 Doppelzimmern ist möglich.

Dellborner Mühle, Dellborner Straße, 66679 Losheim am See, Tel.: 06872-2829, www.dellborner-muehle.de, Öffnungszeiten: täglich ab 9 bis 24 Uhr

Ludweiler: Warndtperle

Ein echter Familienbetrieb ist das Hotel-Restaurant „Warndtperle", mitten im Zentrum von Ludweiler. Abwechslungsreich und kreativ sind nicht nur die von Familie Peters angebotenen Speisen, sondern auch das Veranstaltungsrepertoire: Für Whiskyliebhaber veranstaltet Jörg Peters zum Beispiel „Tastings" seiner zahlreichen, nicht alltäglichen Whiskysorten und Hobbydetektive können beim Krimi-Dinner zwischen den Gängen einen Mord aufklären. Die Küche ist regional ausgerichtet mit französisch-mediterranem Einschlag. Das Hotel verfügt über 20 Zimmer in verschiedenen Größen und Einrichtungsvarianten. Hundebesitzer und ihre Vierbeiner sind herzlich willkommen.

Hotel-Restaurant Warndtperle, Völklinger Straße 120, 66333 Völklingen, www.warndtperle.de, Tel.: 06898-42511, Öffnungszeiten: Mo bis Sa ab 17 Uhr, So ab 10 Uhr

Mandelbachtal: Gräfinthaler-Hof

Turbulent ist sie, die Chronik des Ortes Gräfinthal, nahe Bliesmengen-Bolchen, ca. 15 km von Saarbrücken entfernt gelegen. 1243 wurde das Wilhemitenkloster Gräfinthal von der

Gräfin von Blieskastel gestiftet und im Laufe der Jahrhunderte mehrfach geplündert, ausgeraubt und teilweise zerstört. Heute herrscht in dem idyllischen Gebäude-Komplex, in dem auch der „Gräfinthaler-Hof" zu finden ist, Ruhe und Frieden. Das gemütliche Restaurant mit seinem ländlichen Charme und dem herrlichen Außenbereich bietet Köstlichkeiten unter Verwendung hochwertiger Produkte aus der Region. Chefkoch Jörg Künzer ist stets bemüht, seine Kunden mit wechselnden Angeboten und Kreationen kulinarisch zu verwöhnen. Hochwertiges Fleisch und Fisch stehen ebenso auf der Speisekarte wie vegetarische Gerichte. Hausgemachte Kuchen und leckere Dessert-Variationen runden das Angebot ab. Im Rennen um den „Genuss-Gastwirt Saarland" hatte Jörg Künzer kürzlich die Nase vorn und holte sich die begehrte Auszeichnung in Gold. Er überzeugte die Jury mit seinem Gericht „Verheiratete mit kross gebratenem Filet vom Bliestalsaibling". Im „Gräfinthaler-Hof" kann man nicht nur das hervorragende Essen und den freundlichen Service genießen, man fühlt sich auch mit Hund stets willkommen.

Gräfinthaler-Hof, Gräfinthal 6, 66399 Mandelbachtal, Tel.: 06804-91100, www.graefinthaler-hof.de, Öffnungszeiten: Mi bis So von 11 bis 22 Uhr, Ruhetage: Mo, Di

Merchweiler: Zum Ivo

Ivo Oberan ist Namensgeber und gleichzeitig Küchenchef seines Restaurants „Zum Ivo". Hier gibt es, in familiärer Atmosphäre, neben dem beliebten Klassiker Cevapcici viele leckere kroatische Spezialitäten – hausgemacht mit frischen Zutaten. Für Ivo Oberan und seine Frau, die für den Service verantwortlich ist, stehen die Qualität der Speisen und die Zufriedenheit der Gäste im Vordergrund. Hunde sind sowohl im neu gestalteten Biergarten als auch im Restaurant willkommen!

Zum Ivo, Hauptstr. 220, 66589 Merchweiler, Tel.: 06825-9899069, www.zum-ivo.de, Öffnungszeiten: Mo bis Sa von 18 bis 24 Uhr, So von 11.30 bis 14 Uhr und von 18 bis 22 Uhr, Ruhetag: Di

Niedaltdorf: Bistro Bagatelle

„So schmeckt Idylle", heißt es auf den Internetseiten des Bistro Bagatelle. Hier kann man nicht nur in dem sehr schönen, liebevoll gestalteten Ambiente im Innenbereich sitzen und genießen, auch der herrliche, wunderbar dekorierte Garten lädt im Sommer zum Verweilen und Schlemmen ein. Für Feinschmecker gibt es im Bistro Bagatelle mediterrane Spezialitäten, leckere Salate, Fleischgerichte und einiges mehr. Ein kleiner Hotelbetrieb mit sieben gemütlichen, individuell gestalteten Gästezimmern ist ebenfalls angeschlossen. Hunde können gerne ins Restaurant mitgebracht werden, eine Übernachtung mit dem Vierbeiner ist ebenfalls möglich (s. Hoteltipps).

Bistro Bagatelle, Neunkircher Straße 66, 66780 Niedaltdorf, Tel.: Telefon: 06833- 901990, www.bistro-bagatelle.de, Öffnungszeiten: Do bis Sa ab 18 Uhr, So ab 11 Uhr

Niederwürzbach: Hubertushof Born

Auf den Internetseiten beschreibt sich das Restaurant als „Familienbetrieb, bei dem Gastlichkeit großgeschrieben wird!" Genau diese Gast-Freundlichkeit konnten wir gemeinsam mit unseren Hunden – im Rahmen einer von der Saarpfalz-Touristik angebotenen Themen-Wanderung – genießen. Wer den rustikal eingerichteten Gastraum betritt, fühlt sich gleich wohl. Hier brennt ein kleiner Ofen, da steht ein alter Küchenherd mitten im Raum und sorgt für spezielles Flair. Die Küche bietet Spezialitäten mit Produkten aus der Biosphärenregion an. Anhänger der Wildküche, aber auch Veganer finden Leckeres auf der Speisekarte. Im „Hubertushof Born" kann zudem auch übernachtet werden. Insgesamt stehen 6 Zimmer zur Verfügung und der vierbeinige Begleiter ist auch hier nicht nur erlaubt, sondern gern gesehener Gast.

Hubertushof Born, Kirschendell 32, 66440 Niederwürzbach, Tel.: 06842-6544, www.hubertushof-born.de, Öffnungszeiten: Mo bis So von 11 bis 14 Uhr und 17.30 bis 22 Uhr, Ruhetag: Di

Ottweiler-Fürth: Wern's Mühle

Nicht nur nach Wanderungen (der Einstieg zum Premiumweg „Mühlenpfad" liegt direkt an der Mühle) kann man sich in der „Wern's Mühle" mit leckeren, regionalen Speisen verwöhnen lassen. Markus und Theresia Keller haben 2012 die Mühle gekauft und den geschichtsträchtigen Gebäude-Komplex stilvoll zum Restaurant „Wern's Mühle – Landhaus im Ostertal" mit angeschlossenen Gästezimmern umgebaut. In ihrem Restaurant legen sie großen Wert auf die Verwendung regionaler Produkte und unterstreichen dies durch die Auflistung der Erzeuger und Lieferanten in der Speisekarte! Im Sommer laden die Sonnenterasse und der Biergarten unter dem alten Kastanienbaum mit Blick auf die Oster zum Verweilen ein. Nach wie vor ist hier zudem die historische Ölmühle zu finden, die seit 1841 von der Familie Wern betrieben wird. Die dort hergestellten Öle können im Mühlenlädchen, neben weiteren regionalen Spezialitäten, käuflich erworben werden. Übrigens: Markus und Theresia Keller sind selbst Hunde-Fans. Sie besitzen, wie sie lächelnd sagen, „den schönsten Vertreter der Rasse Wäller". Rüde Max bereichert seit knapp zweieinhalb Jahren das Familienleben der Kellers. Daher ist natürlich klar, dass Hunde nicht nur im Restaurant, sondern auch in den Gästezimmern gerne willkommen geheißen werden.

Wern's Mühle, Brückenstraße 37, 66564 Ottweiler-Fürth, Tel.: 06858-6999211, www.werns-muehle.de, Öffnungszeiten: Mi bis Fr ab 11.30 Uhr, Di ab 17 Uhr, Ruhetag: Mo

Püttlingen: Little Italy

Benannt nach dem italienischen Viertel in New York, immer gut besucht und über die Grenzen des Köllertals hinaus bestens bekannt, ist das „Little Italy" in Püttlingen-Köllerbach. Ob Pizza Salami, Margherita oder andere Klassiker – aus dem Steinbackofen kommen wirklich leckere (und riesig große) Teigfladen! Daneben gibt es Nudel-Variationen und noch einiges mehr. Nicht nur das feine Essen zu einem sehr guten Preis-Leistungsverhältnis überzeugen im „Little Italy", sondern auch die Hundefreundlichkeit, denn auch mit einer größeren Gruppe und mehreren Vierbeinern wurden wir herzlich begrüßt. Perfetto! Übrigens: Auch in Saarlouis gibt es seit Kurzem ein „Little Italy" (Weißkreuzstraße).

Pizzeria Little Italy, Hauptstr. 3, 66346 Püttlingen, Tel.: 06806-9941461, www.facebook.com/Pizza.Puettlingen.facebook, Öffnungszeiten: Mo bis So von 11.30 bis 14 Uhr und 17.30 bis 23 Uhr

Riegelsberg: Café Nostalgie

„Café Nostalgie" – der Name ist wahrlich Programm! Mit liebevoll serviertem Kaffee oder Tee ausgerüstet, streift man erst einmal durch die vielen Räume und Ecken, die von den Inhabern – Astrid und Marian Cafuta – detailverliebt ausgestattet wurden. Überall gibt es etwas zu bestaunen. Hier eine Sitzecke mit einladendem Sofa, da die Möbel, die an die „gute Stube" und an die alten Zeiten der „Tante Tilla", die ehemals in diesen Räumlichkeiten betriebene Bäckerei mit Tante-Emma-Laden, erinnern. Und wie „sellemols" wird jeder Kunde freundlich empfangen und beraten. Mit der eigenen Kaffeesorte, „Riegelsberger Kaffee" – in Kolumbien geerntet und fair gehandelt –, haben sich die Cafutas einen lang gehegten Traum erfüllt.

Marian Cafuta hat sich selbst vor Ort die Kaffee-Plantage angeschaut, auf der die Bohnen für den Kaffee geerntet und zu fairen Preisen eingekauft werden. Diese werden dann in der Kaffee-Manufaktur Reismühle in Krottelbach von Hand geröstet. 14 weitere erlesene Kaffee-Sorten der Reismühle sind im Café Nostalgie ebenfalls erhältlich. Im Sommer steht zusätzlich ein großer, geschmackvoll gestalteter Außenbereich zur Verfügung und lädt zum Verweilen ein. Gemeinsam mit ihrer ursprünglich aus Spanien stammenden Setter-Pointer-Mix-Hundedame Jenna freuen sich die Cafutas über alle zwei- und vierbeinigen Gäste.

Café Nostalgie, Buchschacherstr. 2, 66292 Riegelsberg, Tel.: 06806-9339742, www.facebook.com/Café-Nostalgie-492481300791941/, Öffnungszeiten: Mi bis Sa von 9 bis 12 Uhr und 14 bis 18 Uhr, So von 9.30 bis 18 Uhr, Ruhetage: Mo, Di

Saarbrücken: Baker Street

Typisch britisch ist das Ambiente des bis ins Detail liebevoll gestalteten Tearooms und Pubs mitten in der Saarbrücker City. Pünktlich zur „Tea Time" öffnet die Baker Street wochentags ab 14 Uhr ihre Pforten. Besucher werden mit erstklassigen Tees in reichhaltiger Auswahl, Cakes, Pastries und Scones verwöhnt. Ab 15 Uhr kann auch aus dem restlichen Speisen-Angebot ausgewählt werden, das Burger, Salate, Sandwiches und vieles mehr bereithält. Very british: Abends verwandelt sich die Baker Street in einen Pub, natürlich mit original britischen Gepflogenheiten, denn ab 19.00 Uhr heißt es „Service at the bar!". Das bedeutet: Getränke werden an der Theke bestellt, abgeholt und direkt bezahlt. Im Kaminzimmer „Watsons Club" liest man Krimis bei einem guten Whisky und wer noch etwas mehr haben will: Die Baker Street bietet Themengastronomie der besonderen Art an. Krimi-Dinner, Lesungen oder Mottoparties können in dieser einzigartigen Atmosphäre im viktorianischen Stil erlebt werden. Auch wenn der Besucher keinen „stilechten" Welsh-Corgi wie die Queen besitzt, Hunde sind generell in der Baker Street willkommene Gäste.

Baker Street, Mainzer Str. 8, 66111 Saarbrücken, Tel.: 0681-95812454, www.bakerstreetsb.de, Öffnungszeiten: Mo bis Do 14 bis 24 Uhr, Fr 14 bis 2 Uhr, Sa von 10 bis 2 Uhr und So von 10 bis 24 Uhr

Saarbrücken: Chez Victor's Brasserie Parisienne im Victor's Residenz-Hotel

Wer im Victor's Residenz-Hotel in Saarbrücken mit seinem Hund übernachtet, findet im Zimmer ein kleines Welcome-Set vor. Ein Hunde-Deckchen, ein Wassernapf und ein Leckerli stehen bereit und sorgen sofort für Wohlfühl-Atmosphäre beim Vierbeiner. Und wenn es dem Hund gut geht, geht es Herrchen und Frauchen bekanntlich ebenso! Auch im Restaurant „Chez Victor's" sind alle vierbeinigen Gäste gerne gesehen. Ob mit oder ohne Übernachtung: Mit Blick auf den Deutsch-Französischen Garten kann man sich hier – im Sommer auch auf der schönen Terrasse – verwöhnen lassen und nach Lust und Laune die französische Küche genießen. Ob Fisch-, Fleisch- oder vegetarische Spezialitäten: Die großzügige Speisekarte hält für jeden Geschmack etwas bereit. Sonntags lädt zudem das reichhaltige Brunch-Buffet mit kalten und warmen Köstlichkeiten zu einem ausgedehnten Frühstück ein.

Chez Victor's im Victor's Residenz-Hotel Saarbrücken, Deutschmühlental 19, 66117 Saarbrücken, Tel. 0681-58821-950, www.victors.de, Öffnungszeiten: täglich 11.30 bis 22.30 Uhr, kleine Karte von 14-18 Uhr und ab 22 Uhr

Saarbrücken: Undine

Die Undine: Jeder Saarbrücker kennt den tollen Biergarten direkt an der Saar. Aber auch das Restaurantinnere überzeugt durch moderne entspannte Atmosphäre. Hier lässt es sich gut sitzen und die abwechslungs- und einfallsreichen Speisen genießen. Ob Fleisch- oder Fisch-Spezialitäten, kreative vegetarische Gerichte oder auch leckere Salat-Teller – hier wird jeder fündig. Freundlichen Service und ein gutes Preis-Leistungs-Verhältnis gibt es obendrauf. Hunde und ihre Halter sind gern gesehene Gäste.

Restaurant Undine, Bismarckstraße 129, 66111 Saarbrücken, Tel.: 0681-6853353, www.undine-restaurant.de, Öffnungszeiten: Mo bis Sa von 12 bis 14.30 Uhr und von 18 bis 23 Uhr, So von 11.45 bis 22 Uhr, im Sommer ist das Restaurant durchgehend geöffnet.

Saarbrücken – St. Arnual: Restaurant Flammings – Das Flammkuchenhaus

Frische knusprige Flammkuchen, vor den Gästen zubereitet, „à la carte" oder „all you can eat" sind das Erfolgsrezept des Flammkuchenhauses im Naherholungsgebiet Tabaksweiher. Früher das Essen der armen Leute, hat der Flammkuchen heute Kultstatus in der Region und es gibt ihn hier in vielen Variationen. Ob herzhaft oder süß: Für jeden Geschmack ist etwas dabei! Seit 2013 gibt es unter dem Namen „Flammbräu" hauseigenes Bier vom Fass oder in der Flasche. Im Sommer kann man die Flammkuchen auch im großen Biergarten genießen. Geschäftsführerin Tanja Neumann ist selbst passionierte Hundehalterin und freut sich immer über vierbeinige Gäste und deren Menschen.

Restaurant Flammings – Das Flammkuchenhaus, Im Almet 63, 66119 Saarbrücken, Tel.: 0681-8579266, www.flammings-flammbraeu.de, Öffnungszeiten: Di bis Fr ab 16 bis 23 Uhr, Sa ab 14 Uhr (im Winter ab 16 Uhr), So von 11.30 bis 22 Uhr

Saarbrücken – St. Arnual: Restaurant Tabaksmühle

Bis Mitte des 19. Jahrhunderts wurde in der historischen Mühle Schnupftabak hergestellt, der insbesondere bei den Bergleuten, denen das Rauchen unter Tage untersagt wurde, beliebt war. Aus dieser Zeit stammt folglich der Name des bekannten Restaurants nahe den Winterberg-Kliniken. Stadtnah und dennoch im Grünen sitzt man im Sommer herrlich unter den alten, schattenspendenden Bäumen im Biergarten am idyllischen Tabaksweiher. Hunde sind außen wie innen willkommen. Für Herrchen und Frauchen gibt es mittags Stammessen oder „à la carte" und nachmittags Kaffee und Kuchen. Abends kann man bei einem gepflegten Bier oder Wein die feine Landhausküche oder regionale Spezialitäten genießen.

Tabaksmühle, Julius- Kiefer-Str. 146, 66119 Saarbrücken, Tel.: 0681-9851930, www.tabaksmuehle.de, Öffnungszeiten: Mo bis Sa von 11.30 bis 23 Uhr , So von 11.30 bis 18 Uhr

Saarbrücken – St. Arnual: Wirtshaus Unter der Linde

In Jürgen Becker's Wirtshaus „Unter der Linde" fühlt man sich rundum wohl. Das gilt im Winter wie im Sommer, wenn der Biergarten zusätzliche Sitzplätze direkt am beschaulichen Marktplatz, in unmittelbarer Nähe zur Stiftskirche, bietet. Auf der Speisekarte des gemütlich, aber dennoch modern eingerichteten Wirtshauses stehen viele frisch gekochte, regionale Spezialitäten mit französischem Flair. Von Montag bis Samstag gibt es zur regulären Speisekarte noch das Stammessen. Regelmäßig finden unter dem Motto „Linde Live" hier auch Konzerte und andere Events statt. Der passionierte Hunde-Fan Becker betreibt nicht nur das Wirtshaus, gleich nebenan ist er auch oft in seinem Feinkostladen „Wein und Leben" zu finden. Ob im Restaurant oder im Laden: Über Kunden und Gäste mit Hund freut er sich immer.

Unter der Linde – Wirtshaus – St. Arnual, St. Arnualer Markt 8, 66119 Saarbrücken, Tel.: 0681-95906699, www.linde1933.de, Öffnungszeiten: Mo bis Sa ab 11.45 bis 22 Uhr, von 14 bis 18 Uhr keine Küche, Ruhetag: So

Saarbrücken – St. Arnual: Café Zucker und Zimt

Dass St. Arnual mit seinem schönen Marktplatz einen ganz besonderen Reiz hat, das wissen viele Saarländer. Wer jedoch etwas abseits vom Trubel durch die kleinen Gassen schlendert, wird ebenfalls fündig und trifft auf das individuelle Café Zucker und Zimt. Das von Ruth und Girgis Harfi betriebene Café zeigt sich von seiner gemütlichen Seite, wenn den Gästen ein reichhaltiges Frühstück und duftender Kaffee oder Tee serviert werden. Aber auch abends kann man hier lecker speisen und Weine und Biere in Bio-Qualität dazu genießen. Donnerstags, freitags und samstags verwöhnen die Harfi's ihre Gäste mit Falafel-, Tajine- oder Couscous-Spezialitäten. Hunde können gerne ins Restaurant mitgenommen werden. An ausgewählten Tagen verwandelt sich das ruhige Café zudem in eine kleine, familiäre Konzert-Location.

Café Zucker und Zimt, Brühlstraße 31 (Ecke Arnulfstraße), 66119 Saarbrücken, Tel.: 0681-9850247, www.cafe-zuckerundzimt.de, Öffnungszeiten: Do, Fr und Sa 15 bis 22 Uhr, So 13 bis 19 Uhr

Saarbrücken-Güdingen: Biergarten Wilde Ente

Mit der Ente als Markenzeichen führt Familie Schley in vierter Generation den traditionsreichen Gastronomiebetrieb „Wilde Ente" am Saarufer, an der Güdinger Schleuse. Ente gibt es natürlich in vielen Variationen, aber auch knackige Salate, Flammkuchen oder saarländische Spezialitäten stehen auf der Speisekarte. Dazu trinkt man exklusiv gebrautes „Enten-Bier" von der Privatbrauerei Hirsch in Sonthofen, serviert vom freundlichen Personal in Dirndl oder Trachtenhemd. Das Restaurant im Landhaus-Stil eignet sich – auch durch den üppigen Biergarten – zu allen Jahreszeiten als perfektes Ziel, wenn der Magen knurrt, oder als Zwischenstopp bei Wanderungen bzw. Spaziergängen entlang der Saar. Hunde sind in der „Wilden Ente" immer willkommen, im Sommer stehen im Biergarten gleich mehrere Näpfe und ein Wasserschlauch zum Auffüllen zur Verfügung. Tipp: Viel Hunger mitbringen!

Wirtshaus Zur Wilden Ente, Saarstraße 15, 66130 Saarbrücken, Tel.: 0681-872171, www.wilde-ente.de, Öffnungszeiten: Küche durchgehend von 11.30 bis 22 Uhr

Sitzerath: Landgasthof Paulus

In dem wunderschön restaurierten Bauernhaus kann der Gast bei hervorragendem Wein und feinen Speisen im Landgasthof Paulus die Seele baumeln lassen. Hier lauscht man den Beschreibungen der von Bio-Spitzenköchin Sigrune Essenpreis fantasievoll kreierten Speisen bei bester Weinberatung durch Sommelier Thomas A. Nickels. Beide betreiben den Gasthof seit 1994. Über das Angebot auf ihrer Speisekarte sagen sie selbst: „Auf den ersten Blick sind es alltägliche, unspektakuläre Gerichte! Auf den zweiten Blick jedoch Gerichte mit spektakulärer, unalltäglicher Qualität!" Der Landgasthof Paulus legt in seinem außergewöhnlichen Ambiente dabei nicht nur Wert auf die hohe Qualität seiner Weine, sondern auch auf die Verwendung frischer, regionaler Produkte und zunehmend auch Obst und Gemüse aus den eigenen Gärten. Die Philosophie der beiden Gastronomen lässt sich nicht nur bei einem Essen dort live erleben. Thomas A. Nickels und Sigrune Essenpreis bieten darüber hinaus eine kleine Auswahl an Events an, wie zum Beispiel die „Kulinarischen Plaudereien", das „Bungee-Jumping für die Sinne" oder die Wanderung „Stiefeln und Tafeln" (s.S. 209). Mit Hund fühlt man sich im Landgasthof Paulus sehr willkommen.

Landgasthof Paulus & Der Laden, Prälat-Faber-Straße 2-4, 66620 Nonnweiler-Sitzerath, Tel.: 06873- 91011, www.landgasthof-paulus.de, Öffnungszeiten: Mi von 12 bis 14 Uhr (nur bei Vorreservierung) und von 17.30 bis 22 Uhr, Do und Fr von 12 bis 14 Uhr und von 17.30 bis 24 Uhr, Sa und So von 12 bis 24 Uhr, Ruhetag: Mo, Di

Wadgassen: KAFFEE floral

„Gerne verwöhnen wir Sie mit duftenden Kaffeespezialitäten, hausgebackenem Kuchen und anderen liebevoll bereiteten Leckereien. Im KAFFEE floral wollen zauberhafte Accessoires und Dekorationsartikel entdeckt und blumige Arrangements bestaunt werden." So steht es auf den Internet-Seiten des Blumen- und Kaffeehauses von Margrit und Michael Klein und

man bemerkt schon beim Betreten die Leidenschaft der beiden für Blumen und geschmackvolle Dekorationen. Man kann das leckere Frühstück genießen und beim Verzehr der selbstgemachten Marmeladen und Brotaufstriche, bei Orangensaft, Sekt und Frühstücksei die Blicke schweifen lassen.
Hunde sind hier gern gesehen und es ist durchaus möglich, dass die Gäste – ob im Haus oder im wunderschönen Garten – von Bearded Collie Wilson, dem vierbeinigen Mitarbeiter und Familienhund von Familie Klein, begrüßt werden.

KAFFEE floral, Lindenstraße 50-52, 66787 Wadgassen, Tel.: 06834-460413, www.kaffee-floral.com, Öffnungszeiten: Die bis Do von 8 bis 18 Uhr, Fr von 8 bis 21 Uhr, Sa von 9 bis 14 Uhr, So von 9 bis 18 Uhr, Ruhetag: Mo

Die Infos zum Bodenbelag in den Zimmern, Hund im Restaurant, Auslaufmöglichkeit, Specials wurden mittels Fragebogen erstellt. Wie viele Hunde mitgebracht werden können, hängt natürlich auch von der Größe des Hotels und der Belegungssituation an. Ich empfehle deshalb, sich vor einer Buchung über den aktuellen Stand zu erkundigen. Das gilt insbesondere für Gruppen mit Hunden.

Landkreis Merzig-Wadern

Hotel / Adresse	Kontakt	Hunde / Anzahl	Info	Kosten
Dellborner Mühle Dellborner Str. 66679 Losheim am See	Tel.: 06872-2829 www.dellborner-muehle.de	unbeschränkt	Teppichboden/PVC, Restaurant/ja, Grünfläche/ja	3 €/Tag
Ferienwohnung Arnika Margot Wenderoth Arnikaweg 5 66679 Losheim-Waldhölzbach	Tel.: 06872-1319 www.fewo-arnika.eu	1 Hund/Familie	Laminat/Fliesen, Grünfläche/ja	5 €/Tag
Hotel Laux Perler Straße 8 66663 Merzig-Weiler	Tel.: 06869-210 www.hotel-laux.de	2/Zimmer Gruppe möglich	Laminat/Teppich, Restaurant/ja, Grünfläche/ja	4 €/Tag
Hotel Haus Schons Von-Boch-Liebig-Str. 1 66693 Mettlach	Tel.: 06894-1214 www.hotel-haus-schons.de	max. 1 Hund/Zimmer	kurzfloriger Teppichboden/Laminat, Grünfläche direkt am Haus, Restaurant/ungern	7,50 € **Pauschal**
Hotel Saarpark Bahnhofstr. 31 66693 Mettlach	Tel.: 06864-920299 www.hotel-saarpark.de	bis 6 Hunde	Parkett/Laminat, Restaurant/ja, Grünfläche/ja, Näpfe, Decken	6,50 €/Tag
Hotel-Restaurant Zum Schlossberg Nunkircher Str. 2 66687 Wadern-Büschfeld	Tel.:06874-18180 www.hotelschlossberg-kuhn.de	2/Zimmer	Laminat, Restaurant/ja, Grünfläche/ja, Leckerlis, Näpfe, Decken	5 €/Tag

Landkreis Merzig-Wadern

Hotel / Adresse	Kontakt	Hunde / Anzahl	Info	Kosten
Parkhotel Weiskirchen Kurparkstraße 4 66709 Weiskirchen	Tel.: 06876-9190 www.parkhotel-weiskirchen.de	nach Absprache	Teppichboden/Vinyl, Restaurant/nein, Brasserie/ja, Grünfläche/ja, Näpfe, Unterlagen	12 €/Tag

Landkreis Neunkirchen

Hotel / Adresse	Kontakt	Hunde / Anzahl	Info	Kosten
Haus Perkow (Ferienwohnung) In den Masuren 13 66557 Illingen-Hirzweiler	Tel.: 06825-47825 www.haus-perkow.de	2	Fliesen/Laminat, Grünfläche/ja	Kostenlos
Waldhotel garni Humesweg 4 66540 Neunkirchen	Tel.: 06821–51856 www.wald-hotel-garni.de	3/Zimmer	Fliesen, Restaurant/ja, Grünfläche/ja, Näpfe, Schlauch zum Säubern	Kostenlos
Landhaus Wern´s Mühle Brückenstr. 37 66546 Ottweiler-Fürth	Tel.: 06858-6999211 www.werns-muehle.de	nach Absprache	Vinylan, Restaurant/ja, Grünfläche/ja, Wassernapf	15 € Pauschal

Regionalverband Saarbrücken

Hotel / Adresse	Kontakt	Hunde / Anzahl	Info	Kosten
Hotel Am Triller Trillerweg 57 66117 Saarbrücken	Tel.:0681-681580000 www.hotel-am-triller.de	15	Parkettboden, Restaurant/ja, Grünfläche/ca.500m, Restaurant/ja, Leckerlis	9,90 €/Tag
Hotel Domicil Leidinger Mainzer Straße 10 66111 Saarbrücken	Tel.: 0681- 93270 www.leidinger-saarbruecken.de	max. 10 im Haus	Stein-/Parkettboden, Restaurant/ja, Grünfläche/500 m, Begrüßungsleckerlis, Näpfe, Decken	10 €/Tag

Regionalverband Saarbrücken

Hotel / Adresse	Kontakt	Hunde / Anzahl	Info	Kosten
Victor`s Residenzhotel Rodenhof Kálmánstraße 47 66113 Saarbrücken	Tel.: 0681-41020 www.victors.de	nicht festgelegt, auf Anfrage	Teppich, Restaurant/ja, 2km zum Wald/Grünflächen fußläufig erreichbar, Näpfe, Unterlagen, Leckerlis	12 €/Tag
Victors`s Residenz Hotel Saarbrücken Deutschmühlental 19 66117 Saarbrücken	Tel.: 0681-588210 www.victors.de	1/Zimmer, mehrere Hunde und Gruppen auf Anfrage	Teppichboden, Restaurant/ja, Grünfläche/ja, Näpfe, Leckerli	12 €/Tag
Parkhotel Albrecht Kühlweinstr. 70 66333 Völklingen	Tel.:06898-914700 www.parkhotelalbrecht.de	2, keine Gruppen	Teppichboden/Kurzflor, Restaurant/ja, Grünfläche/ja, Hundenäpfe	10 €/Tag
Leonardo Hotel Völklingen Kühlweinstr. 105 66333 Völklingen	Tel.: 06898 56610 www.leonardo-hotels.de/deutsch-land-hotels/hotel-voelklingen	auf Anfrage	Teppichboden, Restaurant/ja, Grünfläche am Haus, Leckerlis, Näpfe, Hundekissen	15 €/Tag

Landkreis Saarlouis

Hotel / Adresse	Kontakt	Hunde / Anzahl	Info	Kosten
Ferienhaus Skyla Jägerstraße 21 66822 Lebach-Steinbach	Tel.: 0162-4177745 www.ferienhaus-skyla-saarland.de	bis 5 Hunde	Fliesen/Laminat, Grünfläche/ja, Leckerlis, Näpfe, Decken, Kissen, Spielzeug	30 €/7Tage
Bistro Bagatelle Neunkircher Straße 66 66780 Niedaltdorf	Tel.: 06833-901990 www.bistro-bagatelle.de	1-2/Zimmer Gruppe/ja	Holzboden, Restaurant/ja, Grünfläche/ja, Näpfe, Leckerlis	10 €/Tag

Landkreis Saarlouis

Hotel / Adresse	Kontakt	Hunde / Anzahl	Info	Kosten
Victor´s Residenz Hotel Bahnhofsallee 4 66740 Saarlouis	Tel.: 06831-9800 www.victors.de	2/Zimmer Gruppe möglich	Teppichboden/Laminat, Restaurant/nein, Grünfläche/-Ja, Leckerlis, Näpfe, Kissen	12 €/Tag
Hotel Restaurant Margaretenhof Margaretenhof 1 66802 Überherrn-Berus	Tel.: 06836-2010 www.margareten-hotel.de	3/Zimmer Gruppe/Ja	Teppich/Fliesen/Laminat, Grünfläche/ja, Leckerlis	Kostenlos
Hotel Scheidberg St. Vallier Str. 1 66798 Wallerfangen-Kerlingen	Tel.: 06837-750 www.haus-scheidberg.de	max. 12 Hunde Gruppen möglich	Laminat/Teppichboden, Restaurant/ja - wenn nicht höher als ein Stuhl, Grünfläche/ja, Näpfe, Decken	6,50 €/ kl. Hund 13 €/ gr. Hund
Hotellerie Waldesruh, Siersburger Straße 8, 66798 Wallerfangen-Oberlimberg	Tel.: 06831-966000 www.waldesruh-wallerfangen.de	bis 2/ Ferienwohnung	Laminat/Fliesen, Restaurant/ja, Grünfläche/ja, Hundenapf	6,50 €/Tag

Saarpfalz-Kreis

Hotel / Adresse	Kontakt	Hunde / Anzahl	Info	Kosten
Annahof, 66440 Blieskastel-Niederwürzbach	Tel.: 06842-96020 www.annahof.de	4	Parkett/Laminat, Restaurant/ja, Näpfe	10 € Pauschal
Hubertushof Born, Kirschendell 32, 66440 Blieskastel-Niederwürzbach	Tel.: 06842-6544 www.hubertushof-born.de	4/Zimmer (abhängig von der Größe)	Laminat, Restaurant/ja, Grünfläche/ja, Näpfe	kostenlos (stark haarende Hunde, 5 €)

Saarpfalz-Kreis

Hotel / Adresse	Kontakt	Hunde / Anzahl	Info	Kosten
Reppmeier Hof Bruder-Konrad-Str. 9 66453 Gersheim	Tel.: 06844-900703 www.reppmeier-hof.de	bis 4	Steinboden mit Teppichen, Grünfläche/ja, Näpfe, Handtücher, keine Leckerlis mit Rücksicht auf Hundehalter-Wünsche	Kostenlos
Hotel Bliesbrück Rubenheimer Straße 13 66453 Herbitzheim	Tel.: 06843-80000 www.bliesbruck.de	Unbeschränkt	Teppichboden/Fliesen/Laminat, Restaurant/ja, Grünfläche/ja	4 €/Tag
Wohlfühlhotel Rabenhorst Im Rabenhorst 1 (GPS Kraepelinstraße) 66424 Homburg	Tel.: 06841-93300 www.hotel-rabenhorst.de	max. 5 Hunde/ keine Gruppe	Laminat/Teppichboden, Restaurant/ja - wenn nicht höher als ein Stuhl, Grünfläche/ja, Näpfe, Decken	6,50 €/ kl. Hund 13 €/ gr. Hund
Hotel Restaurant Ruble Dürerstr. 164 66424 Homburg	Tel.: 06841-97050 www.hotel-ruble.de	Unbeschränkt	Teppichboden, Restaurant/ja,Grünfläche/ja, Leckerlis	Kostenlos
alfa Hotel Zum Ensheimer Gelösch 2 66386 St. Ingbert	Tel.:06894-9850 www.alfa-hotel.de	max. 25 Hunde	Teppich, Restaurant/ja, Grünfläche/ja	5 €/Tag

Landkreis St. Wendel

Hotel / Adresse	Kontakt	Hunde / Anzahl	Info	Kosten
Center Parcs Park Bostalsee Lindenallee 1 66625 Nohfelden	Tel.: 06852-9028155, www.centerparcs.de/de-de/deutschland/fp_BT_ferien-park-park-bostalsee	2 Hunde/Haus	PVC, Restaurant/nein, Grünfläche in der Nähe	16,50 €/ Wochenende 23,50 €/ Woche

Landkreis St. Wendel

Hotel / Adresse	Kontakt	Hunde / Anzahl	Info	Kosten
Victor's Seehotel Weingärtner Bostalstraße 12 66625 Nohfelden	Tel.: 06852-8890 www.victors.de	Unbeschränkt, Gruppe auf Anfrage	Teppich/Laminat/Fliesen, Frühstücksraum/nein, Restaurant/nach Absprache, Grünfläche/ja, Leckerlis, Näpfe, Decken	12 €/Tag
Hotel Parkschenke Simon Auensbach 68 66620 Nonnweiler	Tel.: 06873-669970 www.parkschenke-simon.de	max. 3/ keine Gruppe	Teppichboden, Restaurant/ja, Grünfläche/ja	3 €/Tag
Hotel Kurschlösschen GmbH Am Bosenberg 5 66606 St.Wendel	Tel.: 06851-93930 www.kurschloesschen.de	2 Hundezimmer, mehr auf Anfrage	Laminat, Restaurant/ja, Grünfläche/ja	10 €/Tag
HOFGUT IMSBACH Hofgut Imsbach 1 66636 Theley	Tel.: 06853-50140 www.hofgut-imsbach.de	3, keine Gruppen	Parkett, Restaurant/ja, Grünfläche/ja, Besonderheiten/ja	10 € (für 1-3 Tage)

Rheinland-Pfalz

Hotel / Adresse	Kontakt	Hunde / Anzahl	Info	Kosten
Landhotel Zum Storchennest Hauptstraße 127 66851 Bann	Tel.: 06371-92580 www.zum.storchennest.de	max. 20, Gruppen/ja	Fliesen, Restaurant/ja, Grünfläche/ja, Näpfe, Kissen etc. auf Anfrage, Leckerlis nach Rücksprache mit Hundehalter	7 €/Tag
See-Hotel Seeuferweg 1 54427 Kell am See	Tel.: 06589-180 www.seehotel-kell.de	5-8 Hundezimmer Gruppen bis 7 Hunde	Hochflorteppich, Restaurant/nein, Grünfläche/ja	10 €/Tag
Kloster Hornbach & Landhaus „Lösch für Freunde" Im Klosterbezirk	Tel.: 06338-9101057 www.Kloster-Hornbach.de	keine Begrenzung Gruppe nach Absprache	Holzboden, Gourmetrestaurant/nein, sonst ja, Grünfläche/ja, Leckerlis, Überraschungen, Decken, Näpfe, auf Wunsch Futter	15 €/Tag

Nützliche Adressen:

Lust auf Themen-Wanderungen und mehr?

Fragen Sie bei den Tourist-Informationszentren nach. Die meisten Landkreise, Städte und Kommunen haben einen Veranstaltungskalender, in dem Wanderungen und andere Themen-Angebote aufgeführt sind. Viele davon sind auch mit Hund zu nutzen. Fragen Sie nach!

Landkreis Merzig-Wadern

Saarschleifenland Tourismus GmbH, Poststraße 12, 66663 Merzig, Tel.:06861-80440, E-Mail: tourismus@merzig-wadern.de, www.saarschleifenland.de

Projektbüro Saar-Hunsrück-Steig, Zum Stausee 198, 66679 Losheim, Tel.: 06872-9018100, E-Mail: info@saar-hunsrueck-steig.de, www-saar-hunsrueck-steig.de

Tourist-Info der Stadt Wadern, Marktplatz 13, 66687 Wadern, Tel.: 06871-5070, E-Mail: touristinfo@wadern.de, www.wadern.de

Landkreis Neunkirchen

Tourismus- und Kulturzentrale des Landkreises Neunkirchen (TKN), Am Bergwerk Reden 10, 66578 Schiffweiler, Tel.: 06821-972920, E-Mail: info@region-neunkirchen.de, www.region-neunkirchen.de

Gemeinde Illingen, Hauptstraße 86, 66557 Illingen, Tel.: 06825-4090, gemeinde@illingen.de, www.illingen.de

Gemeinde Großrosseln, Klosterplatz 2-3, 66352 Großrosseln, Tel.: 06898-449112, E-Mail: gemeinde@grossrosseln.de, www.grossrosseln.de

Tourist-Information Ottweiler, Schloßhof 5, 66564 Ottweiler, Tel.: 06824-3511, E-Mail: tourist@ottweiler.de; www.ottweiler.de/tourismus

Regionalverband Saarbrücken

Tourismus Zentrale Saarland GmbH, Franz-Josef-Röder-Str. 17, 66119 Saarbrücken, Tel.: 0681-927200, E-Mail: info@tz-s.de, www.tourismus.saarland.de

Reginalverband Saarbrücken Touristinfo im Saarbrücker Schloss , Schloßplatz 1-19, 66119 Saarbrücken, Tel.: 0681-5066051, E-Mail: touristinfo@rvsbr.de, www.regionalverband-saarbruecken.de

Tourist Information im Rathaus, Rathaus St. Johann/Haupteingang, Rathausplatz 1, 66111 Saarbrücken, Tel.: 0681 95909200 , E-Mail: tourist.info@kontour.de, www.die-region-saarbruecken.de

Landkreis Saarlouis

Landratsamt, Kreistouristik, Kaiser-Wilhelm-Straße 4 – 6, 66740 Saarlouis, Tel.:06831-444449, E-Mail: tourist-info@kreis-saarlouis.de, www.kreis-saarlouis.de

Tourist Information, Großer Markt 1, 66740 Saarlouis, Tel.: 06831-443263, E-Mail: kreisstadt@saarlouis.de, www.saarlouis.de

Gemeinde Überherrn, Rathausstraße 101, 66802 Überherrn, Tel.: 06836 9090, E-Mail: rathaus@ueberherrn.de, www.ueberherrn.de

Saarpfalz-Kreis

Saarpfalz-Touristik, Paradeplatz 4, 66440 Blieskastel, Tel.: 06841-1047174, E-Mail: touristik@saarpfalz-kreis.de, www.saarpfalz-touristik.de

Touristinformation der Stadt Blieskastel, Haus des Bürgers, Luitpoldplatz 5, 66440 Blieskastel, Tel.: 06842-9261314, E-Mail: verkehrsamt@blieskastel.de, www.blieskastel.de

Gemeinde Kirkel, Amt für Kultur, Sport und Tourismus, Hauptstraße 10, 66459 Kirkel, Tel.: 06841-80980, E-Mail: gemeinde@kirkel.de, www.kirkel.de

Landkreis St. Wendel

Tourist-Information Sankt Wendeler Land, Am Seehafen 1, 66625 Nohfelden, Tel. 06852-90110, E-Mail: touristinfo@sankt-wendel.de, www.sankt-wendel.de/tourismus/tourist-info/

Gemeinde Nohfelden, An der Burg, 66625 Nohfelden, Tel.: 06852-8850, E-Mail: info@nohfelden.de, www.nohfelden.de
Tourist Info Nonnweiler, Trierer Straße 9, 66620 Nonnweiler, Tel.: 06873-66076, E-Mail: rathaus@nonnweiler.de, www.nonnweiler.de

Tourist-Information Tholey, Im Kloster 1, 66636 Tholey, Tel.: 06853-5080, E-Mail: gemeinde@tholey.de, www.tholey.de

Jenseits der Landesgrenzen

Tourist-Information Hermeskeil, Langer Markt 30, 54411 Hermeskeil, Tel.: 06503- 95350, E-Mail: info@hermeskeil.de, www.hermeskeil.de

Wander-Apps

Komoot Fahrrad und Wander-App:
Mit dem im Buch abgedruckten Gutschein-Code einfach alle Wander-Touren kostenlos in App- oder Play-Store herunterladen. Weitere Infos gibt es unter www.komoot.de.

Saarland Touren-App der Tourismus Zentrale Saarland:
Ebenfalls kostenlos im App-Store herunterzuladen. Mehr Infos hierzu unter www.tourismus.saarland.de

Sie sind viel mit Hund unterwegs? Dann sollten Sie Ihren Vierbeiner auf jeden Fall registrieren lassen!!

TASSO-Haustierzentralregister für die Bundesrepublik Deutschland e.V., Frankfurter Straße 20, 65795 Hattersheim am Main, 24-Std.-Hotline.: 06190 -937300, E-Mail: info@tasso.net, www.tasso.net

Deutsches Haustierregister, Deutscher Tierschutzbund e. V., In der Raste 10, 53129 Bonn, Tel.: 0228-60496-35 (24-Stunden-Service-Telefon), E-Mail: Kontaktformular auf der Website: www.registrier-dein-tier.de

Ihr Hund wird vermisst? – Fragen Sie bei den saarländischen Tierschutzvereinen nach.

Tierschutzvereine mit angeschlossenem Tierheim

Hedwig-Trampert-Tierheim Dillingen/Saar, Bruchweg 60, 66763 Dillingen, Tel.: 06831-71552, E-Mail: mail@hedwig-trampert-tierheim.de, www.hedwig-trampert-tierheim.de

Ria Nickel Tierheim, Erbacher Bahnhaus 3, 66424 Homburg (Saar), Tel.: 06841-79488, E-Mail: info@tierheimhomburg.de, www.tierheimhomburg.de

Bertha-Bruch-Tierheim, Folsterweg 101, 66117 Saarbrücken, Tel.: 0681-53530, E-Mail: BerthaBruchTierheim@googlemail.com, www.tierheim-saarbruecken.de

Tierheim Linxbachhof, Linxbachhof, 66606 St. Wendel/Niederlinxweiler, Tel. 06851 - 907588, E-Mail: info@tierheim-linxbachhof.de, www.tierheim-linxbachhof.de

Neben den Tierschutzvereinen mit angeschlossenem Tierheim gibt es noch eine Reihe von weiteren Tierschutzvereinen, die

überwiegend über private Pflegestellen arbeiten. Die aktuellen Adressen sind über den Deutschen Tierschutzbund e. V. zu finden: www.tierschutzbund.de. Auch auf der Internetseite des Deutschen Tierschutzbundes Landesverband Saarland e. V. (www.tierschutz-saar.de) sind die Adressen der saarländischen Mitgliedsvereine verzeichnet.
Eine Übersicht über die Tiere in den französischen Tierheimen (Forbach, Sarrebourg) gibt es unter www.tiere-kennen-keine-grenzen.com

Tierheim Forbach/ SPA de Forbach, 1, rue Saint Guy, F-57600 Forbach, Tel.: 0033-387872930, E-Mail: spaforbach@orange.fr, www.spa-forbach.fr

Ihr Tier hat sich verletzt? Tierärzte im Saarland

Auf der Seite www.tierarzt-saar.de der Saarländischen Tierärztekammer finden Sie die Adressen aller Tierärzte sowie die Übersicht über den Notdienst. Ist der diensthabende Arzt nicht erreichbar, können im Saarland drei 24-Stunden-Kliniken kontaktiert werden:

Tierklinik Köllertal, In den Siefen 3-5, 66346 Püttlingen, Tel.: 06806-922000, fragen@kkkoe.de, www.kkkoe.de

Tierklinik Arz, Kaiserslauterer Str. 44, 66123 Saarbrücken, Tel.: 0681- 33232, info@tierklinik-arz.de, www.tierklinik-arz.de

Tierklinik Elversberg, Hüttenstraße 20, 66583 Spiesen-Elversberg, Tel.: 06821-179494, mail@tierklinik-elversberg.de, www.tierklinik-elversberg.de

Tiere in Not – was tun?

Plötzlich stößt man unterwegs auf ein krankes oder Fund- bzw. herrenloses Tier. Was tun? Wie ist die Rechtslage und wo kann ich mich genauer informieren? In Fällen wie diesen hilft der Leitfaden „Tiere in Not" der Tierschutzstiftung Saar. In Kooperation mit dem Ministerium für Umwelt und Verbraucherschutz hat die Stiftung für das Saarland einen Wegweiser mit den wichtigsten Anschriften und Telefonnummern in Sachen Tierschutz zusammengestellt.

Tierschutzstiftung Saar, Ministerium für Umwelt und Verbraucherschutz, Keplerstr. 18, 66117 Saarbrücken, Tel.: 0681-5014756, E-Mail: tierschutzstiftung@web.de, www.tierschutzstiftung.de

Dankeschön!

Ein ganz liebes Dankeschön an alle Zwei- und Vierbeiner, die gemeinsam mit mir während der Buch-Recherchen neugierig auf Neues waren, sich die Füße und Pfoten wund gewandert haben und die jeder noch so verrückten Idee aufgeschlossen gegenüberstanden. Danke vor allem für die Geduld und die gute Laune, auch wenn die Touren mal wieder ein paar Stunden länger dauerten. Ihr nehmt Rücksicht aufeinander, seid immer hilfsbereit – es macht einfach Spaß, mit euch und euren Hunden unterwegs zu sein.

Ein besonderes Dankeschön gebührt meinem Mann, der mich immer unterstützt, mir den Rücken freihält und mit großer Toleranz der Tatsache gegenübersteht, dass meine Ideen wieder unsere gemeinsame Freizeit zum spärlichen Gut werden lassen.

Ein tierisches Dankeschön geht an meine Hunde: Ihr seid Freizeit-Begleiter, Fitness-Trainer, Seelen-Tröster, Gute-Laune-Macher und so viel mehr. Nur eines würde ich mir noch wünschen: dass ihr unser Leben über einen längeren Zeitraum begleiten könntet.

Abschließend möchte ich dem Gollenstein Verlag danken, der nicht nur das Thema „Hund" gerne aufgegriffen hat, sondern mir bei meinem ersten Buch-Projekt mit Rat und Tat und viel Geduld hilfreich zur Seite stand.

Zur Autorin

Silke Mahlberg, Jahrgang 1970, studierte Diplom-Kauffrau, arbeitet als freie Redakteurin und betreibt seit vielen Jahren eine Hundeschule sowie das Fiffix-Fotostudio für Mensch und Tier.

Hunde haben sie schon immer fasziniert und einen großen Teil ihres Lebens begleitet. Sie sagt von sich selbst, dass sie für das Privileg, ihr Hobby zum Beruf machen zu können, unendlich dankbar ist. In ihrer Freizeit ist sie oft mit anderen Hunde-Freunden unterwegs und so kam es zur Idee für den Ratgeber „Mehr Spaß mit Deinem Hund – Wandern, Genießen, Neues entdecken! Ausgabe Saarland".

Weitere Informationen über die Autorin sind zu finden unter

www.hundeausbildung-saar.de

www.fiffix.de

Aktuelles und noch mehr Ideen für gemeinsame Aktivitäten von Mensch & Hund bietet die Internetseite

www.mehrspassmithund-im-saarland.de

Bildnachweise

Alle Bildrechte liegen bei der Autorin und Fotografin Silke Mahlberg, ausgenommen

Foto S. 9 Anika Lauer
Fotos S. 29 Tractive GmbH
Foto S. 216 Maria Magdalena Meyer
Kartenmaterial: komoot GmbH

Impressum

1. Auflage

Die Buchmarke der O.E.M. GmbH, Saarbrücken
www.gollenstein.de

Buchgestaltung und Satz:
Sascha Scheuermann, Manuel Kuruneru
Schrift: Humanist
Papier: Bilderdruck matt 115 g
Druck: Ottweiler Druckerei und Verlag GmbH, Ottweiler
Bindung: DWG, Saarbrücken

Printed in Germany
ISBN 978-3-95633-045-2